기술자의 금손이 대접받는 세상이 온다

도우미에서
기술자까지
실전 로드맵

성장을 위한
단계별 꿀팁
대공개

기술자의
소명의식과
매너

금쪽같은
기술자

만년 샐러리맨에서 스페셜리스트로 변신하는 법

이너바스 이실장 지음

대경북스

금쪽같은 기술자

1판 1쇄 인쇄 2024년 6월 20일
1판 1쇄 발행 2024년 6월 24일

지은이 이선형

발행인 김영대
펴낸 곳 대경북스
등록번호 제 1-1003호
주소 서울시 강동구 천중로42길 45(길동 379-15) 2F
전화 (02) 485-1988, 485-2586~87
팩스 (02) 485-1488
홈페이지 http://www.dkbooks.co.kr
e-mail dkbooks@chol.com

ISBN 979-11-7168-051-1 03320

기술자의 금손이 대접받는 세상이 온다

우리는 왜 이렇게 힘들게 살아가야 할까요?

10대들은 명문대 진학을 위해, 20대는 대기업 취업을 위해 모두가 같은 이정표를 바라보며 달려가고 있습니다. 왜 모두가 이루려는 목표가 같을까요? 지금처럼 앞날을 예측하기 어려운 시대에 말입니다. 그 목표는 도대체 누가 정해준 것이며, 왜 다른 목표를 가져볼 생각은 하지 않을까요?

경제위기는 일시적인 현상이 아닙니다.

코로나19 사태와 함께 우크라이나-러시아 전쟁, 미중 패권전쟁, 글로벌 시장의 경기침체로 세계 경제가 위기입니다. 우리나라도 장기적인 경제 불황과 위기가 시작되었습니다. 유명한 경제 전문가들도 미래에 대한 불확실성이 강해 현재의 경제 불황이 언제 끝나게 될지 판단을 하지 못하고 있는 상황입니다. 경제성장률은 떨어지고, 물가는 오르고, 금리도 많이 오른 상황에서 환율과 유가 상승은 국민경제에 악영향을 미치고 있습니다. 우리나라는 내수시장이 작아서 수출이 국가 경쟁력의 큰 부분을 차지합니다. 무역적자는 점점 심각해지고, 우리나라의 수입 수출의 상당 부분을 차지하고 있는 대중무역 부분에서 우리 정부는 적자를 해소할 방안이 없습니다. 이것은 일시적인 현상이 아니며 앞으로 우리가 계속 안고 가야 할 문제입니다. 인류의 가장 큰 숙제인 기후 위기, 빈부와 소득 격차 또한 해소되는 것이 아니라 더욱 심각해지고 있습니다.

하지만 정부나 기업은 개개인의 삶을 돌볼 수 없습니다. 아니 서민들의 삶을 돌볼 의지가 없는 것일 수도 있습니다. 가계부채가 1천조 원을 넘긴 지 오래됐지만, 정부는 국가 재정 건전성에만 초점을 맞추고, 정치 업자들은 자신의 기득권을 지키기 위해 전 정부와 현 정부 탓만 하고 있습니다. 사회 고위층과 기득권층은 서민들의 빚이 늘어나거나 말거나 관심이 없습니다. 그래서 우리는 각자도생(各自圖生)의 길을 걸어가야 합니다.

앞으로 우리는 모두가 힘들고 어려운 시대를 겪게 될 것입니다. 세계 여러 나라 선진국의 출산율이 떨어지고, 우리나라는 더 빠른 속도로 떨어져 현재 0.7명이라는 압도적인 세계 최저 수준의 출산율로 인해 큰 사회문제가 대두될 것입니다. 그것에 더해 앞으로 대한민국은 초고령사회에 진입함으로써 생산 가능 인구는 줄어들어 일할 수 있는 사람이 부족해질 것입니다. 지금도 일할 직원이 부족하다고 언론매체에 연일 보도되고 있습니다.

이제 곧 일할 수 있는 사람이 대접받고 귀해지는 시대가 올 것입니다. 지금은 물건을 구매하고, 서비스를 이용하는 사람이 주도권을 가지고 있지만 앞으로는 물건을 만들고 서비스해 줄 수 있는 사람이 주도권을 가지게 됩니다. "고객은 왕?" 그런 말은 이제 추억을 소재로 하는 개그 프로그램에서나 나오지 않을까요?

그렇다고 일할 수 있는 사람 모두가 대접을 받을 수는 없겠죠. 미래에는 인공지능, 로봇, 자율주행, 가상현실 등의 기술이 개발되어 단순 근로자들을 위협할 것이고, 기술이 없는 사람들은 저임금 노동자로 남을 것입니다. 아니 외국인 노동자의 유입으로 그것도 어려울 수 있습니다.

앞으로 전문 기술을 가진 기술자가 주도권을 가지는 시대가 옵니다. 서비스를 이용하고 싶은 소비자는 다수인 반면 기술자는 부족해서, 서비스를 받으려면 오랫동안 기다려야 합니다. 책 제목《금쪽같은 기술자》처럼 기술자가 대접받고 귀해지는 시대가 오고 있습니다. 자신과 가족을 위해 '기술자가 되는 것'을 생각해 보기 바랍니다.

불확실하고, 예측하기 힘든 미래에는 과연 무엇을 해야 할까요?

젊은 20대, 30대는 앞으로 살아가야 할 날이 많습니다. '앞으로 어떻게 살아가야 할까?' 고민해야 할 시기입니다. 어렵게 회사에 입사하여 회사가 할당한 목표를 달성하기 위해 압박과 스트레스를 받으며 경쟁을 해야 할지, 불확실하고 예측하기 힘든 미래를 생각하지 않고 많은 돈을 들여 자영업에 내 인생을 맡겨야 할지, 아니면 시간과 열정을 투자해 기술자가 될지 결정해야 합니다. 대한민국의 평균 기대수명은 83세(2023년 기준)로 매년 증가하고 있습니다. 앞으로 살아가야 할 날들이 많은데 주도권을 가지고 살 것인가? 아니면 기득권 층의 의도에 따라 휘둘리는 삶을 살 것인가?

물론 기술자가 되는 길이 쉽거나 순탄하지는 않습니다. 저는 서울에 있는 4년제 대학을 졸업한 후 국내의 인재파견 아웃소싱회사에 관리직으로 입사하여 14년간 근무하였습니다. 하지만 부득이한 사정으로 퇴사하게 되었고, 다시 동종업계의 작은 회사에서 1년 반 동안 출근하면서 세상을 알아가기 시작했습니다. 회사에 다닐 때에는 회사 밖에 모르는 바보였습니다. 나이를 점점 먹어가면서 퇴직한 후의 삶도 생각해야 했고, 무엇보다 회사에서 받는 스트레스가 너무나도 힘겨웠습니다. 그리고 부당한 대우를 받으면서도 참고 일하는 비정규직 단순 노동자들을 가까이에서 많이 보았습니다. '나이가 들어 더 이상 취업할 곳이 없다면 나도 이 분들처럼 되겠구나. 이건 남 일이 아니구나!' 하고 확실히 깨닫게 되었습니다. 그래서 제가 평

소에 흥미있고, 관심있던 기술을 찾아 배우기로 결정했습니다. 욕실 리모델링(타일, 돔천장 시공) 기술과 욕실제품(변기, 세면대, 샤워기, 욕실장 등)을 설치하는 기술을 배웠고, 지금은 많은 곳에서 저를 찾는 분들이 있기에 저 스스로 최고의 선택이라고 생각하며 만족한 삶을 살고 있습니다.

어떻게 하면 전문 기술자가 될 수 있을까요?

막상 기술자의 길을 걷고 싶어도 어떻게 시작해야 할지 몰라 고민만 하는 사람들이 많습니다. 그런 분들을 위해 기술자가 되기 위해 어떻게 했는지, 기술자가 되기 위해 무엇을 준비하고 실행해 나갔는지 여러분들께 알려드리고 싶어 이 책을 쓰게 되었습니다. 기

술자가 되겠다고 생각하는 분들께 반드시 많은 도움이 될 것입니다.

기술자는 '자기 기술에 전문가라는 자부심을 가지고, 자신이 작업한 일에 대해 책임을 지는 사람'입니다. 작업한 일에 문제가 생겨도 조치해주지 않고, 책임도 안 지려고 하는 기술자도 있습니다. 그런 사람은 기술자가 아닙니다. 기술자가 된다면 자부심과 함께 책임감도 있어야 합니다.

기술자가 얻는 수입이 얼마나 되는지 궁금해하는 분들이 많습니다.

"기술자가 되면 돈 많이 벌어요?"

기술자는 돈을 많이 벌 수도 있고, 생각한 것만큼 못 벌 수도 있죠. 기술자가 하는 일의 양과 질, 그리고 인간관계에 따라 다릅니다. 일을 많이 하면 많이 벌고, 일을 적당히 하면 적당히 벌어요. 제가 아는 타일 기술자는 대기업 임원 정도의 연봉을 벌고 있습니다.

대신 한 달에 쉬는 날이 하루 이틀밖에 안 되죠. 기술자는 몸을 갈아 넣는 직업입니다. 거친 현장에서 먼지도 많이 마시고, 체력적으로도 힘든 일입니다. 돈벌이만 보고 기술자가 되어야겠다는 생각보다는 나를 필요로 하는 사람들에게 서비스를 하며, 자존감과 보람을 찾고, 일에 대한 재미를 느낀다는 생각으로 기술자가 되어야 합니다. 공구로 조이고 푸는 그 손맛이 낚시할 때 대어를 끌어올리기 위해 릴을 감는 느낌과 비교할 만합니다. 이런 마음가짐으로 시작하지 않는다면 기술자가 되기도 전에 포기할 수 있습니다.

세상에는 당신이 할 수 있는 수많은 기술이 있습니다. 도전해 보세요. 여러분의 인생이 다른 사람에게 휘둘리는 인생에서, 자신이 주도하여 살아갈 수 있는 인생으로 바뀔 수 있습니다.

Contents

Part 1
기술자를 향한 걸음마 시작

Part 2
기술자가 뭐 별거라고

Part 3
기술자로서 홀로서기

Part 4
지금부터 나는 스페셜리스트

Part 1

기술자를 향한 걸음마 시작

왜 금쪽같은 기술자인가

요즘 많이 힘들죠? 삶을 살아가면서 힘들지 않은 사람은 없습니다. 누구나 걱정거리와 어려운 일은 있으니까요. 직장인과 자영업하는 서민들이 나름 힘내며 살아가는 것이 지금 우리 현실입니다.

2021년 강서구 등촌동 주공아파트 욕실 세팅

걱정의 종류만 다를 뿐 우리는 평생을 걱정거리와 함께 살아야 하는 삶을 살고 있습니다.

여러 가지 일 중에서 가장 힘든 일은 어떤 일일까요? 군대 전역한 남자들이 자신의 부대가 가장 힘들었다고 말하는 것처럼, 지금 자신이 하는 일이 가장 힘든 일이 아닐까요? 돈을 벌기 위해 스트레스 받으며 머리를 쥐어짜야 하고, 힘도 써야 합니다. 당신이 하는 일의 미래가 불투명하고, 언제까지 그 일을 할 수 있을지 불안감이 든다면 그것만으로도 더욱 힘들고 자신을 지치게 합니다.

여기서 잠깐! 불안하고 힘든가요? 그렇다면 이제는 무언가를 찾아야 할 때입니다.

다른 무언가를 찾아야 한다는 질문에 기술자가 답이 될 수 있습니다. 저는 나이가 40대로 넘어오면서 더 이상 '직장은 다시 들어가면 안 될 곳'이라는 생각이 들었어요. 직장에서는 제가 언제까지 근무를 할 수 있을지 앞날에 대한 걱정과 함께 '희망과 비전'이 보이지 않았습니다. 그래서 다시 재취업하는 것을 포기하고, 기술을 배우기로 결심했습니다.

기술자가 되기로 선택한 이유는

첫째, 투자 비용이 적다.

기술자는 많은 돈을 투자해야 하는 자영업에 비하면 투자비용이 없는 것이나 다름없습니다.
많은 분들이 하고 있는 자영업인
카페나 치킨 프랜차이즈, 음식점
은 큰돈을 들여서 매장을 임대하
고, 인테리어 해야 하고, 기계나
장비도 구입해야 합니다. 아무리
작게 잡아도 최소 수천만 원이
들어갑니다. 투자비용이 적다면
자신과 맞지 않는 일이라고 생각
되었을 때 큰 손해를 보지 않고
정리할 수도 있습니다. 기술자는

매장을 임대할 필요도 없고, 직원을 둘 필요도 없습니다. 기술자는
건강한 신체와 감각적인 센스, 사용할 공구와 연장만 있으면 일할
수 있습니다.

　둘째, 자유로운 시간 활용과 주말이 있는 삶이 가능하다.
　일반적인 사람들의 하루 일과는 해가 뜨면 일하러 가고 해가 지
면 집에 들어와 쉽니다. 그리고 평일에 일하고 주말에 쉽니다. 직장
다니는 분들도 대부분 그렇게 일하고 쉬고 있죠. 남들 일할 때 일하
고, 쉴 때 쉬는 것이 가족과 함께 시간을 보내고, 사회생활을 하고,
자기 자신의 시간을 갖는 데 필수 조건입니다. 가령, 요식업 하는 자

영업자들은 자고 일어나면 매장 오픈을 준비해야 하고, 밤늦게 마무리하고 집에 오면 한밤중입니다. 나 자신을 위한 시간뿐만 아니라, 가족과 함께할 시간도 없습니다. 물론 주말도 없습니다. 가끔 친구들 만나 소주 한 잔 하는 것도 포기해야 합니다. 하루 종일 사업장에 있다 보니, 매일 출퇴근하는 감옥과 다르지 않습니다. 물론 그곳에서 자신의 보람과 역할을 찾는 분들도 많습니다. 하지만 이런 삶이 싫다면 기술자가 되는 것을 고려해 봐야 합니다.

　스케줄 관리를 내 마음대로 할 수 있다는 것이 기술자가 가장 메리트 있는 이유입니다. 쉬고 싶을 때 쉬고, 일하고 싶을 때 일해도 됩니다. 직장 다니는 분들은 휴가 낼 때 눈치 보이고, 자영업 하는 분들은 일을 쉬기 힘듭니다. 하지만 기술자는 스케줄을 조정하여 친구들과 여행도 가고, 취미생활도 할 수 있습니다. 몸 컨디션이 안 좋거나, 일하기 싫으면 핑계를 대며 고객의 요청을 거절할 수 있습니다. 내 스케줄의 선택권이 나 자신에게 있습니다.

셋째, 기술자의 일은 사람을 상대하는 일이 적은 편이다.

기술자가 하는 일은 말로 하는 일, 특히 책상에 앉아서 하는 일이 아닙니다. 사람이 하는 일 중 가장 힘든 일은 사람을 상대하는 일입니다. 특히 저한테는 더욱 그렇습니다. 스트레스는 돈과 사람으로 인한 것이 99.9%입니다. 물론 돈을 버는 일 중에서 사람을 상대하지 않는 일은 없지만 기술자는 사람을 상대하는 일이 다른 일보다 적은 편입니다. 기술자는 자신이 가진 기술로 고객이 맡긴 일을 문제없이 깔끔하게 마무리하면 됩니다. 몸이 고단하긴 하지만, 직장인이나 자영업 하는 분들보다 스트레스가 훨씬 적습니다. 물론 가끔 일이 잘 안 풀릴 때는 큰 호흡이 필요할 때도 있습니다.

넷째, 은퇴 시기는 내가 정한다.

직장 다니는 분들은 자신의 회사가 아니기 때문에 자의든 타의든 직장을 떠나야 할 날이 반드시 옵니다. 회사가 정해 놓은 정년을 넘어가게 되면 회사를 나올 수밖에 없고, 재취업도 어렵습니다. 나이가 들어 노인이 되면 돈이 필요 없을까요? 나이가 들어도 생활비는 들어가고, 집세도 내야 하고, 경조사가 있으면 가야 하고, 아파서 병원에 갈 일도 많아지죠. 친구들도 만나야 하고, 어린 손주들에게 가끔 용돈도 줘야 합니다. 사람답게 살려면 돈은 평생 필요합니다. 당신이 평생 애지중지 키워 놓은 자녀들이 당신의 노후를 책임질 수 있을까요? 자녀들도 자기 삶을 살기 바쁠 것입니다.

　그러면 그동안 모아 놓은 돈으로 노후에 사람다운 삶이 가능할까요? 아마도, 대부분은 그렇지 못할 것입니다. 우리 세대는 평생 일을 해야 하는 세대입니다. 그리고 일을 해야 신체적으로 또 정신적으로 건강을 유지할 수 있습니다. 일을 해야 아픈 곳도 덜 생기며, 나를 필요로 하는 곳이 있어야 자존감을 지킬 수 있고, 효능감도 느낄 수 있습니다.

　기술자는 신체적·정신적으로 큰 문제가 생기기 전까지는 일을 할 수가 있습니다. 물론 나이가 들면 체력이 젊을 때만큼은 못하겠죠. 럭셔리한 노후 생활은 힘들 수 있겠지만 자식들한테 손 안 벌리고 쉬엄쉬엄 일하면서 생계를 유지하는 최소한의 수입은 충분히 가능합니다.

　다섯째, 부당한 갑질을 피할 수 있다.

　자신의 권력으로 부당한 지시를 하는 사람도 많습니다. 살다 보면 부당한 갑질을 당하더라도, 참고 일을 해야 하는 경우가 많아요. 기술자로 독립하면, 하기 싫은 일은 안 할 수도 있고, 공사를 의뢰한 분이 상식을 벗어난 성격 이상자라면 적당한 핑계로 거절할 수 있습니다. 즉 기술자가 주도권을 가질 수 있으며, 이것이 바로 기술자가 되어야 하는 가장 매력적인 이유입니다.

여섯째, 일한 성취감과 보람을 느낄 수 있다.

저는 공사를 문제없이 잘 마무리하여, 낡고 지저분한 욕실을 예쁘고 편리한 욕실로 바꿔주면서 집주인의 미소를 보면 뿌듯함을 느낍니다. 공사 후 의뢰한 분들이 "욕실 너무 예뻐졌어요!" "깔끔하게 일 잘하시네요!"라는 칭찬 한마디에 힘이 나고 보람을 느낍니다. 나 자신도 사회의 구성원으로서 '한몫을 하고 있구나!' 하는 자존감도 생기고, 한 사람의 기술자로 인정받았기에 기쁨도 큽니다.

위와 같은 이유로 저는 기술자를 선택했고, 기술로 보람을 느끼며 일하고 있습니다. 물론 모두 좋은 점만 있는 것은 아니죠. 기술자가 된다고 해서 모두 인정을 받고, 돈을 많이 벌 수 있는 것도 아니며, 경제상황 또한 수입에 영향을 미칩니다.

왜 금쪽같은 기술자인가?

요즘 우리 사회는 변화가 빠릅니다. 매년 혁신이라고 불러도 될 만큼 발전된 제품들이 우리 눈앞에 나타나고 있습니다. 인공지능, 로봇, 자율주행 자동차, 가상현실 등 꿈의 기술이 상용화될 날이 멀지 않았습니다. 그에 따른 직업의 변화도 고려해야 합니다. 없어지게 될 직업과 유망한 직업이 나뉘겠죠.

전문 기술자는 없어질 수 없는 꼭 필요한 직업이며, 충분히 대우받을 수 있는 직업입니다. 로봇과 컴퓨터, 인공지능이 대체할 수 없는 일이 아직은 많이 남아있습니다. 일례로 우리들이 매일 사용하는 변기를 인공지능 로봇이 설치해 줄 수 있을까요? 아직은 변기 교체 기술을 가진 사람만이 변기를 교체할 수 있습니다. 오히려 발전된 기술은 전문 기술자가 일하는 데에 많은 도움을 줄 것입니다.

단순하고 반복되는 일들은 앞으로 인공지능이나 로봇으로 대체될 수 있습니다. 지금도 많이 바뀌었습니다. 앞으로 사람이 직업으로 할 수 있는 일의 종류와 양이 줄어든다는 이야기죠. 기계, 장비를 설치하는 것보다 인건비가 덜 드는 경우에만 단순 저임금 일자리로 남을 수 있습니다. 그런 일들도 우리나라 젊은이들은 기피하기 때문에, 외국인 노동자가 많은 자리를 대체하고 있는 것이 현실이며, 이런 상황은 앞으로는 더욱 가속화될 것입니다.

이제부터는 자신만의 기술이 있어야 생존율을 높일 수 있습니다. 전문기술이 없다면 앞으로 비정규직 저임금노동자가 될 수밖에 없습니다. 앞으로 우리 사회는 지금의 양극화보다 훨씬 더 벌어진 초양극화 사회가 될 것입니다. 부모가 자녀들에게 금전적으로 도움을 주지 않는다면, 집을 소유할 수 없는 사회가 되었습니다. 금융 소득이 근로소득을 넘어선 지는 오래되었고, 격차는 점점 벌어지고 있습니다. 소수의 부를 축적한 사람들은 더욱더 부자가 되고, 대다수의 여유가 없는 사람들은 기본적인 생계를 걱정해야 하는 시대가 된 것입니다.

서론에서도 말씀드렸지
만, 앞으로 전 세계적으로 기
후변화, 보호무역 등 자국 우
선주의, 종교 및 이념분쟁, 각
종 팬데믹 발생 등 여러 이유
로 세계 경제불황과 위기가
올 것이며 그에 따라 절대 빈
곤층은 우리가 생각하는 것
보다 훨씬 빠른 속도로 증가할 것입니다. 시대의 흐름이기 때문에
누구도 그 흐름을 막을 수 없습니다. 자신의 미래는 스스로 개척해
야 하며, 정부나 기업 그리고 이웃, 가족 누구에게도 기댈 수 없는
힘든 사회가 될 것입니다.

이런 변화에서 살아남으려면 지금 하는 일을 열심히 하면서 다
른 일에 대한 도전을 준비해야 합니다. 점점 험난한 사회로 변화하
고 있기 때문에 생각없이 안주해 있다가는 사회변화의 파도에 휩쓸
려 익사할 수 있습니다. 이에 대한 대비책의 하나로 기술자의 길도
있으니, 한 번쯤 생각해 보는 기회가 되었으면 합니다.

그러면 어떻게 기술자의 길로 들어설 수 있을까? 제가 알려드리
겠습니다.

"무언가를 할 때는

그것을 왜 하는지 이유를

먼저 알고 해야 한다."

회사의 부당한 대우를
참고 견뎠던 억울한 인생

많은 분들이 직장을 다니면서 스트레스와 정신적 압박을 많이 받고 있습니다. 직장인들은 회사가 원하는 업무량 또는 목표치를 채우기 위해, 최소한 기본은 해야 한다는 의식적·무의식적 압박감에 무척 시달리고 있습니다. 지금 다니는 회사에서 경력을 쌓은 후 다른 회사로 이직을 하고, 이직한 회사에서 다시 이직을 합니다. "나이를 먹고 더 이상 이직이 힘들어지면 어떻게 해야 하지?" 업무를 처리하고 정신없이 바쁘고 피곤할 때는 그런 생각을 할 겨를이 없습니다. 하지만 혼자서 잠시 쉴 때에는 스멀스멀 그런 생각이 몰려옵니다.

저도 회사에 15년 이상 재직하면서, 항상 위와 같은 고민을 가지고 있었습니다. 내가 만약 자의든 타의든 회사를 다닐 수 없을 때는 어떻게 할 것인가? 그때가 되면 내가 할 수 있는 일이 있을까? 내가

2020년 의정부·장암동 현대동신아파트 욕실 리모델링

지금 가지고 있는 돈으로 무엇을 시작할 수 있을까? 회사를 퇴직한 후 은행 대출은 얼마나 어떤 이율로 받을 수 있을까? 나오지 않는 답을 고민하며 많은 생각을 했던 기억이 납니다.

제가 다녔던 회사는 ○○○맨파워라는 인재파견 아웃소싱 회사였습니다. 고객사에서 맡긴 아웃소싱 업무로 직원을 채용하고, 교육하고, 관리하는 일이 제 일이었습니다. 처음에 LG홈쇼핑(제가 입사한 2002년에는 상호가 GS로 바뀌지 않았음) 콜센터 상담직 채용업무를 시작으로 교보생명 콜센터 상담직 파견 관리, 롯데칠성음료 전국 물류 아웃소싱 도급관리, 이베이(옥션, G마켓) 웹디자이너 아웃소싱 관리를 담당했습니다. 회사의 지시로 송파구 문정동에 요양보호사교육원도 설치, 운영했습니다. 그렇게 14년을 근무했습니다. 그 사이 회사 선배들과 동기들이 대부분 회사를 떠났고, 저도 서울 본사가 아닌 지사 사무소로 좌천(?)되어 나가게 되었습니다. 적응해야 했습니다. 다른 것은 생각하지 못했으니까요. 적어도 한번은 겪어야 할 시련이

라고 생각했습니다. 회사를 위하여 더욱 열심히 일해서 회사의 인정을 받으면, 다시 본사로 들어갈 기회는 있을 것이라고 생각했으니까요.

제가 마지막으로 했던 업무는 인천공항 화물터미널 XXX 항공물류 아웃소싱 업무였습니다. 직원들을 채용하고, 교육하고, 현장에서 업무 지시하고, 근태관리까지 직접 했습니다. 매일 비행기 출발 시간에 맞추어 항공기 컨테이너에 직원들이 화물을 지역별로 분류하여 적재하는 업무를 지시 감독했습니다. 그리고 매일 고객사와 본사 윗분들께 욕먹는 것이 일이었죠. 제가 채용한 젊은 직원들은 며칠 하다가 그만두고, 아프다고 안 나옵니다. 저는 다시 직원들을

2013년 겨울 인천공항 XXX 화물터미널 창고

어렵게 채용하고(인천공항 물류 현장은 여름에 쪄 죽고, 겨울에 칼바람 불고, 출퇴근도 힘들어 채용도 힘들었어요), 채용한 직원이 며칠 하다가 안 나옵니다. 아니 출근하기로 한 날부터 안 나온 경우도 많았습니다. 그날 창고에 들어온 화물을 비행기 출발 시간 맞추어 항공기 컨테이너에 분류, 적재해야 하는데, 출근 안한 직원들 때문에 시간을 맞추려면 저도 같이 땀을 흠뻑 흘려가며 작업을 할 수밖에 없었습니다.

그렇게 마감시간에 겨우 맞춰 작업을 마무리해도 고객사 책임자는 항상 생산성이 안 나온다느니, 직원들이 화물을 잘못 분류, 적재해서 문제가 생겼다느니, 직원교육과 관리가 왜 그것밖에 안 되느냐고 질타하니, 매일 같이 저는

"죄송합니다. 내일부터는 최대한 신경 써서 관리하겠습니다."

이 말만 반복했고, 고객사 책임자도 저의 죄송하다는 말이 지겨웠을 것입니다.

하지만 제 마음속에는 "직원들 월급이나 많이 올려줄 수 있게 아웃소싱 비용을 조정이나 해주든가, 근무환경을 개선해 주든가 해야 직원들이 오래 다니면서 작업에 능숙해지고, 그러면 생산성도 올라가고, 실수도 안 하게 되잖아! 이 바보야!"라는 말이 목구멍까지 차올랐지만 참았습니다. 나중에 고객사 책임자와 소주 한 잔 하

며 솔직하게 이런 부분 건의도 했지만, 경영상의 이유로 안 된답니다. 시설투자와 아웃소싱 비용이 늘어나는 것은 회사 입장에서는 당연히 반대하겠죠. 직원들도 불만이 많았습니다. 직원들끼리의 트러블과 고객사 직원들과의 마찰! 또 제가 중재하려고 노력했지만, 저의 한숨과 담배만 늘어갔습니다.

고객사, 현장 근로자, 저희 본사 임원들 사이에서 저는 압박과 스트레스를 많이 받을 수밖에 없었습니다. 출퇴근도 2시간씩 하루 네 시간이 걸렸고, 근무시간도 새벽 출근, 오후 출근, 주말 출근으로 불규칙했습니다. 새벽 출근하는 날은 새벽 5시에 택시를 타고 5호선 공덕역에 가서 공항철도 첫차를 타고, 화물청사역에서 내려 공항순환버스를 탑니다. 겨우 아침 7시에 인천공항 물류센터 사무실에 도착합니다. 오후 근무하는 날은 밤 11시에 현장을 마감합니다.

2013년 겨울 인천공항 화물터미널 항공 컨테이너 적재작업 현장

일일보고서를 재빨리 작성하여 보내고, 공항순환버스와 지하철 막차를 타기 위해 뛸 수밖에 없었습니다. 그땐 어떻게 그렇게 열심히 다녔는지 모르겠네요. 적응이라는 것이 무섭습니다.

인천공항 화물터미널에 3년 반을 통근했고, 저 나름대로 고생한다고 생각하고 있었는데 다음 해 본사의 관리 직원 연봉 통보(협상 아님)에서 제 연봉이 동결되었습니다. 관리 직원 대부분의 연봉이 인상되었지만, 저와 몇몇만 임금이 동결되었습니다. 다른 동료들은 깔끔한 사무실에서 일하고 있지만, 저는 물류센터의 거친 현장에서 땀흘리며 일하고 있는데, 연봉을 동결했다는 것은 회사에서 내가 굳이 필요 없다는 것!

"현장에서 아무리 열심히 일해도 본사의 높은 분에게 인정을 받지 못하면, 이렇게 되는구나!"

그때의 허무함과 박탈감! 모든 안 좋은 감정은 다 느꼈던 것 같습니다.

그때는 고생하면서 열심히만 일한다면 '나의 고생함과 열심히 노력함'을 임원분들이 알아줄 것이라고 생각했습니다. 지금 생각해 보면 열심히 일하는 것은 중요하지 않습니다. 여건과 환경이 어떻든 생산성과 효율성이 나올 수 있도록 만들어야 하는 게 중요했습니다. 그렇지 않다면 회사에서는 굳이 내가 필요하다고 생각하지 않을 테니까요. 지금 생각해도 그때 제가 물류현장에서 담당했던 일을 어떤 다른 동료가 한다 하더라도 더 잘 해내기는 어려웠다고 생각하고 있습니다. 지금의 제가 생각해 봐도 좋은 방법이 떠오르지 않습니다.

이젠 회사를 나가야 할 때가 온 것이죠. 생각해 보면 회사 선배들이 먼저 퇴사를 한 이유를 알 것 같았습니다.

그때가 2016년, 내 나이 마흔! 우리 아들은 여섯 살! 어떻게 해야 할까? 그래 "내가 뭐 빠지게 고생했는데, 누가 이 현장에 오던지 나처럼 고생 좀 해봐라! 그래야 내가 얼마나 고생을 했는지 알아주겠지." 나 대신 누가 이 자리에 오더라도 지옥 같은 이 현장을 느끼게 해 주고 싶었어요. 그래야 내 기분을 알 테니까. 회사에서도 나를 인정해 주지 않은 것은 큰 실수였다고 느끼게 해 주고 싶었습니다. 이런 생각은 직장에서 일하고 있는 분들이라면 누구나 가지고 있는 생각일 것입니다. '내가 중요한 일을 열심히 하고 있기 때문에 내가 없으면 현장이 돌아가지 않고 회사가 어려워진다'는 생각이 저만의 착각이라는 것은 나중에 깨닫게 됩니다. 대부분 직장인들이 회사에서 자신이 중요한 많은 일을 하고 있기 때문에, 자신이 빠지면 큰 문제가 발생할 것이라고 생각하는데, 절대로 아닙니다. 내가 없어도, 처음에는 좀 삐걱거리겠지만 한 달 지나지 않아서 다시 원래대로 잘 돌아갑니다.

저는 이 회사에 다니면서 압박감과 스트레스 때문에 보람을 느낄 여유가 없었습니다. 비정규직과 저임금 노동자를 양산하는 데 일부분이나마 일조한다는 죄책감이 있었을 뿐입니다.

◇ 사람을 사람으로 보지 않는 회사!
◇ 사람을 단순히 소모품으로만 보는 회사!
◇ 고장 나거나(문제가 있거나) 오래돼서 질리면 새 제품(신입직원)
　으로 갈아 끼우는 회사!

너무 섭섭하고 화도 났지만 단순히 연봉동결 때문에 퇴사를 결심한 것은 아니었습니다. 이 지독한 일을 언제까지 해야 할까? 대학 졸업 후 경험한 회사가 이곳밖에 없었는데, 다른 회사는 어떨까? 다른 회사를 경험해 보고 싶었습니다. 물론 불안함과 두려움도 컸습니다. 와이프가 뭐라고 할지도 무서웠습니다.

퇴사한 후 몇 달 동안 가족과 시간을 많이 보냈습니다. 와이프가 회사에 다니고 있어서 생활은 그럭저럭 유지했습니다. 스케줄 근무로 인해 그동안 어린 아들과도 시간을 많이 못 보냈는데, 함께하는 시간이 많아져 좋았습니다. 정신없이 달려온 제 인생에서 장기휴가를 가지게 되었지만 해야 할 일이 없는 하루하루의 삶이 마음 편하지는 않았습니다. 다시 일을 찾아야 했고, 자존감도 찾아야 했죠. 와이프에게 눈치도 보이고, 아들은 쑥쑥 커가고 있는데, 집에서 뒹구는 것도 제 성격에 맞지 않았습니다.

재취업을 해야 한다는 간절함은 있었지만, 제가 일했던 인력파견 아웃소싱업계는 피하고 싶었습니다. 다른 직종의 일을 찾아보는데, 경력이 인력회사 경력밖에 없었고 나이도 마흔이 넘다 보니 제가 입사할 수 있는 다른 직종의 회사는 찾을 수 없었습니다.

다시 제가 했던 경력을 살려 취업활동을 할 수밖에 없었고, 다행히 구직활동기간이 길지는 않았습니다. 집에서 가까운 소규모 인력 아웃소싱 회사에 들어갔어요. 사무실에는 사장님, 여직원, 그리고 저까지 세 명이 근무했으며 관리했던 직종은 경비, 미화, 생산직, 시설관리, 운전직이었습니다. 연령대가 높으며 대부분 비정규직으로 최저시급인 직원들입니다. 제가 그곳에서 1년 이상 근무했을 때였습니다. 2018년! 최저시급이 무려 16.4% 인상된 역대 최대의 해 (2024년은 전년 대비 2.5% 인상)였습니다. '연세 있고 고생하는 어려운 분들 급여가 많이 올라가겠구나.' 하며 반가운 생각이 들었지만, 그것은 나만의 착각이었죠. 사장님은 저에게 근로시간을 줄이고 휴게시간을 늘려 근로계약서를 만들라고 지시했습니다. 실제 근무와 휴게는 근로계약서대로 시행하지 않으면서 최저시급에 위반되지 않도록 근로계약서를 작성하라고, 사장님이 지시한 것입니다. 어디를 가나 꼼수는 있습니다. 직원들도 자신이 부당한 대우를 당하고 있다는 것을 알고 있었지만, 부당하다는 말 한마디 할 수 없었습니다. 대부분 연세가 있던 분들이고 다른 곳에 취업하기도 어려운 분들이라, 그런 부당한 대우를 받으면서도 참을 수밖에 없다는 것을 알았습니다. 근로계약도 6개월 단위로 합니다. 그렇게 하면 직원들은 회사 눈치를 안 볼 수가 없어요. 회사에서 6개월 뒤 재계약을 안 하면, 계약만료로 직원들은 회사를 나가야 합니다. 중요한 것은 회사가 그렇게 근로계약을 하더라도 법적으로 위반되는 것이 아니라는 것입니다. 약자를 지켜주지 못하는 무의미한 법 때문에 제가 할 수 있는 것이 없었습니다.

저 또한 입사했을 때 사장님이 계약기간 6개월인 근로계약서를 내밀었습니다. 입사 후 첫 근로계약이니 제가 열심히 잘하면 6개월 뒤에는 연봉을 올려주려나 보다 하고 생각했죠. 그건 아주 순진하고 바보 같은 생각이었다는 것을 나중에 알았습니다. 사장님은 의심이 많은 사람이었어요. 1년 6개월 만에 계약만료로 그 회사를 나오게 되었습니다. 직원이 마음에 들지 않으면, 계약만료 사유로 내보낼 수 있는, 사장님 마음대로 하는 그런 작은 회사였던 것입니다.

큰 회사, 작은 회사 모두 경험해 본 저는 제가 회사에 적응을 잘 못하는 '못난 놈'이라는 생각이 들기도 했습니다. 이유를 지금 생각해 보면 센스 없이 '나와 회사'보다는 내가 관리하는 현장 직원들의 고충을 더 들어주려고 했고, 그 직원들이 조금이라도 더 나은 환경에서 근무를 할 수 있도록 회사 윗분들께 건의를 했던 것 같습니다. 바보같이 초점을 잘못 맞췄던 것이죠. 자기 합리화 같지만 그때 저의 마음은 그랬습니다. 그러니 회사에서 미운털이 박힐 수밖에 없었습니다. 직원들을 더욱 존중해야 할 인재파견회사에서 직원들보다 이익만 생각하는 회사에 환멸을 느꼈고, 다른 회사에 재취업할 생각은 깨끗하게 버렸습니다. 회사에서 직원들에게 부당한 대우를 해도 비정규 직원들은 참을 수밖에 없는 현실이 남의 일이 아니라 앞으로 내 일이 될 수 있다는 생각이 들었습니다. '나도 나이를 먹어가고, 어르신이 되는 그날이 오면 나도 부당한 대우에도 참고 일을 해야 하겠구나!' '내가 나이를 먹으면 경비나 미화 일이라도 할 수 있을까?' 하는 생각이 들었습니다. 그때가 2018년 여름, 나이 마흔둘! 다른 일을 찾아야겠다고 다짐했습니다.

어떤 궂은 일이라도 감당하며 가족을 챙기고, 생계를 유지해야 하는 시기가 온 것이죠. 그때의 심정은 절박! 애절! 간절!이었습니다. 단단히 고생할 준비를 했습니다. 막일이라도 할 수 있는, 각오와 마음가짐이라고나 할까? '회사생활도 그에 못지않게 힘들었으니, 어떤 힘든 일도 해낼 수 있겠다.'는 쓸데없는 자신감(?)만 있었을 뿐입니다.

하지만 내가 가진 것들을 생각해 보면…

내가 가진 기술?

없습니다.

내가 해본 경험?

회사생활만 해봤네요.

내가 가진 자본?

없어요(퇴직금은 비밀).

내가 투자할 수 있는 시간?

1년 정도는 와이프의 선처를 구한 후 가능합니다.

열정은 있는가?

흘러넘칩니다!

제가 가진 것은 오로지 열정과 1년의 시간이었습니다. 1년이라고 생각한 이유는 계약만료 퇴사 후 실업급여를 7개월 받을 수 있었고, 그 후에는 최저시급의 아르바이트라도 한다면 가능하다고 생각했습니다. 퇴직금은 가능하면 건드리지 않으려고 했어요. 퇴직금은 제 자존감을 지켜주는 최후의 보루였습니다.

무엇을 할 수 있을까? 그때 기술을 배워야 한다고 생각했습니다. 앞 글에서 말씀드린 대로 자본금 들지 않고, 평생 할 수 있는 일 중 제가 할 수 있는 일이 기술자밖에 없다고 생각했습니다. 무슨 기술을 배울까?

'결심은 확고하다. 어떤 것을 할 수 있는지 우선 현장으로 가보자. 그러면 답을 얻을 수 있을 것이다. 현장을 경험한 후 결정을 해보자.' 이렇게 생각하고, 친구, 친척, 지인 등 내가 아는 모든 사람들에게 "나는 기술자가 되고 싶습니다." 이렇게 알리고 다녔습니다.

"아는 기술자 있으면 소개해주세요. 열심히 잘할 자신 있습니다."

다시 회사에 입사할 생각은 접었습니다. 자영업은 자본이 있어야 하고 위험성이 큽니다. 답은 기술자가 되는 길밖에 없다고 생각했습니다. 결심은 확고했습니다. 마음은 절실하고, 어떠한 힘든 일이 있어도 부딪혀 나갈 자신이 있었습니다. 아니 해야만 했습니다. 하지만 저 혼자 기술자가 되어야겠다고 결심했다고 해서 기술자가 될 수 있었을까요? 아닙니다. 우선 와이프의 응원과 도움이 필요했습니다. 그것이 없었다면, 저는 시도조차 하지 못했을 것입니다.

"일어날 일은 일어날 것이고,
일어나지 않을 일은 일어나지 않을 것이다.
미리 걱정할 필요가 없다."

결심했다면 가족의 호응부터 얻자

만약 기술자가 되기로 결심했다면, 배우자의 협조와 동의가 있어야 합니다. 혼자만 각오하고 결심했다고 해서 기술자가 될 수 있는 것은 아닙니다. 가족과 상의하지 않고, 기술자에 도전해야겠다는 자기만의 생각으로 밀어붙이면 가족과 불화가 생기고, 결국에는 도전하다가 포기할 가능성이 커집니다. 가족의 생계가 걸려있는 중요한 일을 나 혼자 결심하고 밀어붙이는 일은 절대 하면 안 됩니다. 배우자와 먼저 상의하세요.

제가 앞서 말했듯이, 저도 회사를 다니다 퇴사한 후 와이프에게 선처(?)가 아니고 동의를 구했습니다. 다니고 있는 직장이 있다면 퇴사 또한 배우자와 같이 고민하고, 같이 결정해야 합니다. '퇴사 후 무엇을 어떻게 할 것인가?'는 중요한 문제죠. 제일 먼저 배우자와 같이 고민하고 함께 찾아봐야 합니다.

2021년 가락동 효성빌라 욕실 세팅

　기술자가 되고 싶다고, 한두 달 안에 될 수 있을까요? 좋은 기술이 있어도, 배우고 경험할 수 있는 기회가 많지 않다면 불가능합니다. 최소한 1년 이상의 시간과 노력, 그리고 경험이 필요합니다. 기술 배우는 1년 기간 동안의 수입은 거의 없다고 생각해야 합니다. 1년이 아니라 몇 년이 필요할 수도 있습니다. 기술을 배우는 기간 동안 가족의 가정경제는 어떻게 될까요? 아주 어려워집니다. 소비를 최대한 줄여도, 고정지출이 있고 최소한의 생활비가 필요하니까요. 돈 때문에 부부간의 불화 가능성도 있습니다.

　"당신이 도대체 뭘 할 줄 안다고, 그딴 걸 배운다고 XX이야? 돈이나 제대로 벌어와!"

1년 이상 기간 동안 생활비는 어떻게 충당해야 할지 배우자와 함께 고민해야 합니다. 저는 아들이 초등학교에 갓 입학하여 1학년 되었고, 와이프는 다행히 직장을 다니고 있었습니다. 보험사 일반 콜센터 상담원으로 근무하고 있었고, 저는 근로계약 만료로 퇴사한 상황이라 고용노동부 실업급여 신청 대상이 되었습니다. 실업급여는 7개월 동안 대략 월 130만 원 정도 나왔습니다. 풍족하지는 않지만 아껴가며 생활이 가능했어요. 저도 아껴 썼지만, 와이프도 많이 절약했고, 하나 있는 아들에게도 꼭 필요한 곳에만 돈을 썼습니다.

제가 직장을 나온 후 기술을 배우겠다고 말하면 와이프가 어떻게 생각할지 예상되지 않았습니다. 하지만 말은 해야 했죠. 막상 말하려니, 입이 잘 떨어지지 않더라고요. 그래도 저녁을 먹은 후 같이 맥주 한 잔 하자고 하면서 말을 꺼냈던 기억이 납니다.

잠시 제 와이프에 대해 말씀드리면, 고집 센 강씨 가문의 1남 4녀 중 장녀로 태어나서 그런지 생활력이 강합니다. 부정한 것을 참지 못하고, 도덕적이며 남들에게는 항상 밝고 친절하게 대합니다. 저와 아들을 대할 때는 본성(?)이 나오죠. 저와 동갑내기이며, 28세 어린 나이에 저와 결혼했고(회사 동료였음), 제 아들을 하나 낳아주었습니다. 그리고 직장에 아주 충실합니다. 집에 있는 시간보다 친구들 만나고, 교회에서 보내는 여가시간이 많습니다. 사회활동과 인간관계를 중시하는 아내! Social Wife입니다. 집에서는 감정의 기복이 큰 편이라, 기분 좋을 때는 아주 상냥하지만, 기분 안 좋을 때는 제 아들과 저는 감당하기 어려울 때도 있었습니다. 여자들은 다 그런가요? 대장부 기질이 있으며, 타인을 배려하고, 오지랖이 넓습니다. 자신의 만족보다는 남들에게 자신이 어떻게 보일지 더 많이 생각하는 사람입니다. 저에게 조언도 많이 해주고, 제 고민도 잘 들어주는 친구 같은 와이프입니다. 제가 결혼은 잘 한 것 같네요.

제가 기술자가 되려는 이유를 이해할 수 있도록 설명했습니다.

"내가 나이도 적은 편이 아니어서, 다시 회사 들어갔다가는 이도 저도 안 되고 나이만 더 먹을 것 같아. 기술자를 하려면 지금이 가장 좋은 나이야. 앞으로 우리가 제대로 삶을 살아가려면 내가 기술자가 되어야 해. 도와줘!"

와이프는 흔쾌히 동의해 주었습니다. 결심한 일을 열심히 잘 해보라며 저에게 큰 용기와 응원을 보내주었습니다. 그때 와이프가

이해해 주고 응원해 주지 않았더라면, 저에게 맞지 않는 암울한 회
사 생활을 계속하고 있지 않았을까 생각됩니다.

한 집에 같이 살지는 않지만, 부모님께도 말씀드렸습니다. 어머
님이 걱정을 많이 하셨죠. "공부 잘해서 서울에 있는 대학까지 졸업
하고, 직장 잘 다니다가 왜 무거운 것 들고, 먼지 많이 먹는 그런 힘
든 일을 갑자기 왜 하려고 하느냐?"는 것이죠. 어머니들은 원래 아
들 걱정이 많습니다. 밥은 잘 챙겨 먹고 다니는지, 고민은 없는지,
아픈 데는 없는지 항상 걱정하시죠.

아버지는 저한테 잘해보라고 합니다. 지금은 은퇴하신 지 오래
되셨지만, 아버지는 동네에서 설비 일을 40년 이상 하셨습니다. 제
가 대학 다닐 때, 아버지 일을 가끔 도와드리러 가서 용돈벌이도 했
지만 지저분하고, 냄새나고, 거친 현장이라 제가 할 일은 절대 아니
라고 그때는 그렇게 생각했었습니다. 그때 아버지께 기술을 배워
놓지 않은 것이 지금은 몹시 후회됩니다.

기술자가 되기로 결심했다면,

하나, 우선 계획을 세워라!

'기술자가 되자!' 계획도 없이 생각만으로 가능할까요? 담배 피
우면서, '담배 끊어야지!'라고 생각하는 것과 같습니다. 우선 어떻

게 하면 기술자가 될 수 있을지 알아보고 계획을 세워야 합니다. 계획을 세워야 가족에게 설명해 줄 수 있고, 호응을 얻기도 수월합니다. 아무런 계획도 없이 기술자가 되기로 결심했다면, 다른 사람에게는 결심이라고 들리지 않습니다. 신세 한탄으로 들릴 뿐이죠. 이녀석 직장생활이 힘든가 보다 하고요.

우선 내가 어떤 기술을 배우고 싶은지 대략적인 기술 분야를 선택해야 합니다. 목수, 전기, 철거, 도배, 장판, 싱크, 페인트, 설비, 타일, 필름, 방수, 중장비, 기타 등

◇ 어떤 기술을 배우고 싶은지(구체적이지는 않더라도 기술계통은 선택해야)
◇ 그 기술을 배워 독립하는 데 걸리는 대략적인 기간
◇ 기술을 배우는 기간 동안 수입과 지출의 가정경제
◇ 아이 돌보는 것은 누구의 도움을 받을 수 있는지
◇ 그 기술이 자신 성향에 맞는지
◇ 앞으로의 기술 전망 등

인터넷과 유튜브를 통해 알아보고, 지인 중에 기술자가 있다면 이야기를 들어봅니다. 그 기술자를 따라 현장에 가서 기술자가 일하는 모습을 보면서, 일의 느낌을 직접 느껴볼 수 있는 기회가 있다면 큰 도움이 됩니다. 기술자가 되기로 한 각오와 결심을 테스트해

볼 수 있는 좋은 기회입니다. 깨끗한 매장이나 사무실에서만 일하다가 거친 현장을 보면 다짐이 흔들릴 가능성이 큽니다. 만약 그 현장에서 일을 할 수 없다고 생각되면, 기술자가 되겠다는 생각은 포기하세요. 하지만 현장에서 일하는 각종 기술자가 많은 것을 보면, 당신도 '적응하면 할 수 있는 일이다.'라고 자신감을 얻을 수 있습니다.

둘, 결혼했다면, 배우자에게 설명하고 동의를 구해라!

가족들에게 직장 다니는 척하면서 기술 배우러 다니겠다고 결심한 것은 아니겠죠? 제가 아는 지인 중에 그런 사람이 있어서 말하는 것입니다. 가족의 생계는 남편, 아버지가 전적으로 모두 책임져야 한다는 책임감이 강한 남자들이 많습니다. 제 친구 중에서도 그런 의무감과 책임감을 가진 친구들이 많아요. 저의 아버지 세대에서는 아버지가 밖에서 돈 벌어오고, 어머니는 아이를 돌보고 안살림을 하는 것이 당연한 시대였습니다. 알뜰히 저축하여 집도 사고, 자식도 대학에 보냈습니다. 그 시대에는 가능한 일이었습니다.

하지만 지금 우리 세대는 남편이 가정의 모든 수입을 책임져야 하는 시대가 아닙니다. 아니 가정경제의 모든 책임을 아버지 홀로 짊어질 수가 없는 시대가 되었습니다. 주거 중인 집에 대한 은행 대출의 원금과 이자 부담비용, 아이들 교육비 두 가지만 하더라도 한 사람의 월급 가지고는 빠듯합니다. 혼자 벌어서는 밥만 먹고 살 수밖에 없는 시대가 되었습니다. 어떤 일이든 남편과 아내가 함께 책임을 분담해야 하는 시대가 온 것입니다. 돈도 같이 벌고, 육아와 집안 일도 같이 하고, 집안의 대소사 또한 부부가 같이 의논해서 결정해야 하는 시대입니다. 그렇게 해야 우리 같은 일반 서민들이 외식도 하고, 가끔 여행도 갈 수 있는 여유를 가질 수 있습니다.

인생의 동반자인 아내와 대화하는 시간을 많이 가지세요. 자신의 생각, 고민을 같이 이야기하고, 아내의 고민과 생각도 살펴야 합니다. 그리고 기술자가 되기로 결정한 이유와 앞으로 어떻게 할 것인지 계획을 세워서 배우자가 잘 이해할 수 있도록 설명해야 합니다. 말로만 하지 말고, 계획을 A4 용지에 상세하게 작성하여 출력해 보여주세요. 고민한 흔적을 보여줘야 상대방이 진정성을 느낄 수 있습니다. 지금 하고 있는 일을 그만두기 전에 모든 것을 배우자와 상의해야 한다는 것 잊지 마세요.

그렇게 한 다음에 와이프에게 도움을 요청해야죠. 어떤 도움일까요? 자신이 기술을 배우는 기간 동안 부족해진 소득을 감안한 가정 경제의 긴축정책을 요청합니다. 그리고 와이프가 직장을 다니지 않고 있다면 와이프가 간단한 아르바이트라도 할 수 있는지 도움을 청합니다. 진지하게!

셋, 가족의 호응과 지원은 필수

와이프에게 잘 설명했지만 만약 와이프가 반대한다면 포기해야 합니다. 가족의 동의와 지원 없는 상태에서 기술을 배운다는 것은 매우 어려운 일입니다. 힘든 일을 하면서 기술을 배우는 것도 어려운데, 가족까지 이해하지 못한다면 정신적·신체적으로 너무 힘들어집니다. 부부간의 관계도 악화될 것이고 잘못하면 가정이 깨질 위기가 올 수도 있습니다. 이혼사유가 될 수도 있겠죠.

굳게 결심한 다짐, 각오는 생각보다 오래가지는 않습니다. 처음에는 강하게 마음을 먹고 노력하더라도 일이 힘들고, 수입도 변변치 않고, 가족까지 반대한다면 중도에 포기할 가능성이 큽니다. 가족의 호응과 지원이 있다면 마음이 든든해지고, 더 열심히 해야 할 이유가 생깁니다.

넷, 집에서부터 달라진 모습을 보여줘야 합니다.

기술자가 되기로 결정했다면, 집안일에 신경을 많이 써야 합니다. 집 안을 꼼꼼히 살펴보면 손이 가야 할 곳이 많아요. 그것을 찾지 못한다면, 기술자가 될 자격이 없습니다. 그리고 설거지, 빨래, 청소 등 집안일을 와이프에게만 맡기지 말고 직접 해 보세요. 아니, 직접 해야 합니다. 처음에는 서툴 수 있지만 계속하다 보면 와이프보다 더 잘할 수도 있습니다. 처음에는 와이프에게 집안일 하는 방법을 물어보세요. 집집마다 정리하는 방식이나 청소하는 방법, 설거지 그릇 놓는 방식이 다를 수 있습니다. 만약 당신에게 더 좋은 방법이 있다면 와이프에게 설명하고 그렇게 하면 됩니다.

집안일이라고 대충 하지 말고 깔끔하게 하고, 반드시 확인하세요. 설거지를 했는데 그릇에 이물질이 묻어 있지는 않은지, 청소를 했는데 빠진 곳은 없는지 꼼꼼하게 확인합니다. 싱크통의 음식물 쓰레기도 깔끔하게 처리하고, 수세미로 물때 제거합니다. 가스레인지 주변도 묵은 때를 벗겨보세요. 시중에 나와있는 강력세제들 많습니다. 그리고 집안을 찾아보면 정리해야 할 곳이 많습니다. 옷장, 베란다, 창고, 침대 밑, 싱크대장, 냉장고, 욕실 등 많습니다. 정리하는 습관이 몸에 배어 있어야 기술자가 되더라도 깔끔하게 일할 수 있습니다.

직접 장을 보고 밥하고 저녁 준비도 해보세요. 모르면 네이버에서 검색해 보거나 유튜브에서 배우세요. 집안일을 깔끔하게 잘하면 아내도 "우리 남편이 달라졌어요!"하며 감동할 것입니다. 이런 행동으로 가족들에게 기술자가 되겠다는 단단한 각오를 몸으로 보여줄 수 있습니다. 제발 말로만 하지 마세요. 말로만 하는 분들은 말을 하는 직업을 찾으세요. 집안일도 열심히 하는 모습을 보여주면 아이들에게도 좋은 아빠의 모습으로 기억될 것입니다.

"우리 아빠는 뭐든 잘해! 슈퍼맨이야!"

다섯, 집에서 할 수 있는 기술적인 일들을 찾아봅니다.

제가 추천하는 것은 요리입니다. 좋은 기술이죠. 요리 난이도가 높은 것부터 낮은 것까지 자신의 실력에 맞게 찾아서 해볼 수 있습니다. 요즘 유튜브나 블로그가 잘 되어 있어서 하고 싶은 요리를 검색해 보면 재료, 레시피, 재료 손질, 조리순서, 조리도구 이용법, 깨알팁, 주의할 점까지 자세하게 나와 있습니다. 요리는 인테리어 기술을 펼치는 것과 똑같습니다. 주재료를 구매하고, 부재료나 소모품 빠짐없이 준비해서, 설치 순서대로 시공하는 것과 같습니다. 이를 통해, 자신의 손기술을 가늠해 볼 수 있는 좋은 방법입니다. 몸치라도 따라 해보면 늘어요. 누구든 처음부터 잘할 수는 없습니다. RPG 게임처럼 경험치가 쌓여야 레벨이 올라가는 것입니다. 가족들이 내가 한 음식을 맛있게 먹어주고 칭찬을 해주면 떨어진 자존감이 올라가기도 합니다.

요리를 할 경우에도 주변 정리를 잘하면서 해야 합니다. 주변에 요리도구와 재료들을 너무 늘어놓고 요리에만 집중하는 것도 별로 좋아 보이지는 않아요. 정리해 가면서 설겆이도 해가면서 해야 합니다. 기술자로 일할 때에도 마찬가지입니다. 주변이 산만하고 정리되어 있지 않으면 공구 찾다가 시간 가고, 잘못하면 다칠 수도 있습니다.

그리고 고장난 전등을 교체하거나, 에어컨 필터를 청소하고, 아이들 장난감도 직접 고쳐주고, 간단하게 자신이 수리할 수 있는 것들이 있다면 직접 해보세요. 처음부터 잘할 수는 없습니다. 방법을 모르면 네이버나 유튜브에서 검색하면 대부분 방법이 나와있어요.

저도 가족에게 인정받기 위해 집안일을 시작했지만, 지금 생각해 보면 기술자가 가져야 할 꼼꼼함과 정리하는 습관을 들이는 계기가 되었습니다.

그렇다면, 하지 말아야 할 것은!

만약 가족과 함께 집에 있는데, 정리 안 된 물건들이 집안 아무 데나 굴러다니고, 거실이나 방이 어지럽혀 놓은 상태에서 TV 켜 놓고 소파에 누워서 휴대폰 게임이나 하고 있다면? 그런 상태에서 '남은 인생 기술로 승부하겠다'고 와이프에게 말하면 어떻게 될까요? 절대 가족에게 보여서는 안 되는 행동입니다.

그리고 전날 친구와 과음 후 다음날 집에서 빌빌거리는 모습은 절대 보여주면 안 됩니다. 가능하면 과음을 피해야 하지만 숙취가 심하면 사우나라도 갔다 오세요. 집에서 그런 모습을 보여주는 것은 피해야 합니다. 가족 모두 당신을 지켜보고 있습니다.

기술자가 되려면 습관부터 바꿔야 합니다. 항상 부지런히 움직여야 합니다. 주변이 깔끔하게 정리가 되었다면 다른 할 것들을 찾아보세요. 정말 할 것이 없다면 책이라도 봐야 합니다. TV를 꼭 보고 싶다면, 건조된 빨래라도 개면서 보세요. 집에서 가만히 있는 시간은 최대한 줄여야 합니다. 몸의 잔 움직임이 많으면 살도 빠져요. 일을 하고 와서 몸이 피곤하더라도 해보세요. 당신의 결심을 입으로 말하기 전에 몸으로 말해야 합니다. 당신도 결심을 다지면서 가족들에게 '인정'을 받을 수 있습니다. 그러면 자존감도 회복됩니다.

제가 퇴직한 후, 와이프가 직장을 다니면서 가정경제를 책임졌습니다. 와이프에게 항상 미안한 마음을 가졌습니다. 그 미안한 마음 때문에 되도록 집안일에 와이프의 손이 덜 갈 수 있도록 집안일은 제가 더 많이 하려고 노력했습니다. 제가 음식 만드는 것에도 소질이 있었는지 제가 저녁을 준비하면 와이프와 아들도 맛있게 잘

먹어줍니다. 특히 제가 잘하는 것은 냉장고 정리와 버리는 식재료
를 최대한 줄이고 남아있는 재료로 어떻게든 맛있게 요리해 먹는
것입니다. (자랑질~ㅋ)

이너바스 이실장 명언-3

"하기 싫은 일을 먼저
다 해 놓으면,
하고 싶은 일만 남는다."

노가다부터 시작한다. 따라와!

'노가다'라는 말은 쉽게 말해 건설공사 등의 현장에서 육체노동을 지칭하는 말이고, 하루 일당을 받으면서 육체적으로 단순 노동하는 것을 말합니다.

저는 2008년부터 배드민턴 동호회에 가입해 배드민턴을 배우고 즐겼습니다. 그동안 회사 동료, 학교 친구들만으로 구성되어 있던 제 인간관계가 동호회에서 운동하면서 많이 넓어졌습니다. 물론 인천공항으로 출근하던 때엔 배드민턴 동호회에 나갈 시간이 없어서 장기간 쉬기도 했었지만 동호회에서 친해진 형님, 동생들과는 가끔 연락을 주고받았습니다. 동호회 지인들과도 관계를 지속하고 싶은 저의 간절한 마음이 있던 것이죠. 직장 퇴사 후 다시 동호회에서 배드민턴을 시작했고, 운동 마친 후 술자리에서 이런저런 이야기(*기술을 배우고 싶다는 이야기*)를 하자, 동호회 친구가 인력사무소를 운영

2022년 양천구 수명산 롯데캐슬 욕실 세팅

하는 자기 친구를 소개해주었습니다.

새벽 5시 10분까지 광진구 군자동에 있는 인력사무소(금성인력)에 가면 일하게 해 줄 거라고 합니다. 제 굳은 결심이 가라앉기 전에 행동해야 했습니다. 겨울이라 춥고, 해도 늦게 뜹니다. 다음날 새벽 4시 30분에 일어나 옷만 빨리 챙겨입고 5시 10분까지 갔습니다. 그 시간에 운행하는 대중교통은 없기 때문에, 컴컴한 새벽길을 헤치고 제 스쿠터를 타고 갔어요. 이른 시각이라 차가 많지 않아 오래 걸리지는 않았습니다. 집에서부터 10km 정도 되는 거리였습니다.

7호선 어린이대공원역 근처 지하에 있는 인력사무소인데, 일하러 온 사람이 30명은 넘었습니다. '이렇게 이른 시간인데도 일하려고 오는 사람이 많구나.' 대부분 나이가 50대 이상이었고 60세가 넘어 보이는 할아버지들도 빵빵한 배낭을 하나씩 들고 그곳에 모였습니다. 제 나이 또래의 소장님처럼 보이는 분께 친구 소개로 왔다고 말하니, 인적사항을 적어 달라고 합니다. 아침 바쁜 시간이라 소장님께 말은 걸지 못했습니다. 긴 의자에 앉아 다른 분들과 함께 기다렸습니다. 지하의 쾌쾌한 냄새와 함께 왠지 내가 올 곳이 아닌 것 같은 이 어색함! '그냥 집에 갈까?' 하는 생각도 들었지만, 와이프에게

"그럼 그렇지. 네가 그런 일을 할 수 있겠어?"

문책(?)당할 것 같아 참았습니다. 처음 무언가를 시작할 때는 다 이런 느낌일까요?

5시 30분이 되자 인력사무소 소장님이 한 명씩 호명하면서 현장으로 직접 찾아가라고 메모를 주며 보내거나, 인솔하러 온 사람에게 딸려 보냅니다. 저도 어떤 중년의 아저씨*(나도 아저씨지만)*를 따라가라고 해서 몇몇 분들과 함께 그분이 몰고온 스타렉스에 탔습니다. 이동한 곳은 청담동의 아파트 공사현장인데, 배달시킨 아침밥을 주네요. 시멘트 벽이 그대로 드러나 있는 임시 식당 같은 곳에 테이블이 있고, 같이 갔던 분들과 밥을 먹었습니다.

서로 말없이 밥만 먹었습니다. 이 어색함! 어쩔 것인가? 또다시 '그냥 집에 갈까?' 하는 생각이 스멀스멀 올라왔습니다.

식사 후, 그 사장님*(아까 스타렉스 그 아저씨)*이 작업복으로 갈아입으라고 하길래, "지금 입고 온 게 작업복입니다."라고 말씀드렸더니 안 된다고 합니다. 따라오라고 하더니 타고 왔던 차로 갑니다. 한참을 뒤져 냄새나는 군복 바지를 하나 챙겨주셨습니다. 제가 괜찮다고 해도 꼭 입으랍니다. 많이 더러워진다고 하네요. 오랫동안 빨지 않아 눅눅하게 습기 먹은 군복 바지라 냄새가 정말 토 나올뻔 했습니다. 그리고 찝찝한 고무장화까지 신었어요. 냄새나는 바지를 입고, 다른 사람이 신던 고무장화까지 신었지만 시간이 어느 정도 지나니 냄새는 잊어버리게 되었습니다. 인력사무소라는 곳에 처음 와보는 거라

작업복 챙겨갈 생각을 못했습니다. 정말 생각 없죠? 인터넷 검색이라도 해볼 걸! 새벽 인력사무소에 빵빵한 배낭을 매고 왔던 분들은 그 안에 작업복을 챙겼을 것이라고 뒤늦게 생각이 들었습니다.

　그렇게 옷을 갈아입고 아파트 공사현장 지하층에 기술자들과 인부들이 단체로 모였습니다. 아파트 주차장으로 사용될 곳인 것 같았습니다. 마감도 안 된 시멘트로 만들어진 거친 현장! 일꾼들의 반 이상은 외국인 노동자였습니다. 그중 중국인들이 많았습니다. 말하는 소리를 들어보면 국적을 알 수 있잖아요. 지금까지 겪어보지 못했던 거칠면서도 많이 어색한 곳! '나 지금 뭐 하는 거지? 그냥 집에 갈까?' 라는 생각이 또 들었지만, 그래도 내 각오와 결심이 한 수 위였어요.

현장 일꾼들이 모여 건설현장 책임자의 지휘 하에 무슨 소린지도 모를 브리핑을 듣고, 안전장구를 차고 단체 국민체조를 시작합니다. 앞사람의 어깨를 주물러 주기도 하고^(어휴~ 어색해라), 체조가 끝나고 구호를 외치고^(무슨 말인지?), 소규모 팀들로 나눠져 둥글게 모였고 기술자 사장님이 구체적인 지시를 내립니다. 저한테는 웬 연세 많아 보이는 할아버지를 가리키며 이분 따라가서 같이 장비 챙기랍니다. 장비를 챙겨 꼭대기 층으로 올라갑니다. 거친 계단과 삐죽히 솟아있는 철근들! 울퉁불퉁하고 뭐가 툭 튀어나와 있을지 모르는 불확실한 계단입니다. 걸려 넘어지기 쉽기 때문에 발밑을 잘 보고 올라가야 했습니다. 넘어지기라도 하면 크게 다칠 것 같은 느낌이었어요. 그곳에는 건설용 엘리베이터가 없었습니다. 아직 5층을 만들고 있어서 그런가 봅니다.

2018년 2월 청담동 아파트 노가다 건설현장

제가 간 팀은 공구리팀(콘크리트팀인데 그렇게 부릅니다)이었습니다. 콘크리트 믹스차가 펌프카를 통해 건물 맨 위층에 믹스된 콘크리트 시멘트를 부어주면 삽으로 철근 사이에 콘크리트가 잘 들어가도록 잘 펴줍니다. 그리고 콘크리트가 부어진 거푸집 안에 바이브레이션 기계를 깊이 넣어 콘크리트가 빈 공간 없이 꽉 찰 수 있게 하는 것이 공구리팀 일이었습니다.

기술자 사장님이 바이브레이션 기계를 돌렸고, 제가 했던 일은 무거운 기계 본체를 빨간 고무 다라에 넣어 사장님이 가는 곳마다 옮겨주는 보조 역할이었습니다. 일이 어렵지는 않았지만 푹푹 빠지는 질척한 콘크리트를 밟고 철근 사이를 걸어다녀야 했습니다. 팀끼리 한 시간 일하고 십 분 쉬고, 다시 한 시간 일하고, 점심에 한 시간 밥 먹고 휴식하고, 시간은 국방부 시계보다 빨리 돌아갑니다. 옷에는 시멘트 반죽이 너무 많이 튀어, 아침에 사장님이 옷을 갈아입으라고 했는지 이유를 알겠더라고요. 오후 네 시 반이 되니 작업이 끝납니다. 옷 갈아입으라고 해서 냄새났던 군복바지를 벗고, 입고 갔던 옷으로 갈아입었습니다. 사장님이 일당을 현금으로 바로 주셨습니다. 13만원! 그중에서 10%는 인력사무소 몫입니다. 13만 원은 2018년 초보 기준이며 현재는 일당이 더 많이 올랐습니다.

눈에 보이는 현금을 일 끝나고 바로 받으니 꿀 같습니다. 직장 다녔을 때에는 월급이 통장으로 들어왔다가 만져보지도 못하고 카드값으로 사라지는 일만 당하다가, 현금을 받아보니 느낌이 새롭습니다.

기술자 사장님이 제가 센스 있게 일 잘한다고 칭찬하면서 다음 날은 여기 청담동 현장으로 6시 30분까지 바로 오라고 합니다. 그러면 인력사무소에 수수료를 내지 않아도 됩니다. 그렇게 인력사무소 들리지 않고 며칠을 더 일했습니다. 당연히 집에서 작업복도 챙겨갔습니다. 그 냄새 지독한 바지를 다시 입지 않으려면 반드시 챙겨가야 했습니다.

둘째 날부터는 저에게 말을 걸어주면서 함께 작업하는 할아버지가 있었습니다. 첫째 날은 같이 일하는 분들이 작업 지시 이외에는 저에게 말을 하지 않았습니다. 저도 내성적인 편이라 먼저 말을 걸지는 못했습니다. 쉬는 시간에는 혼자 구석에서 조용히 담배 한 개비를 피웠습니다. 이런 곳에서 하루 일하고 안 나오는 사람도 많아 쉽게 다가오거나 가르쳐 주지 않는 것 같았습니다. 그 할아버지가 어디 사냐고 묻고, 여기 왜 왔냐고 물어보시네요. 그리고 부속이나 재료, 공구 이름도 친절하게 알려주셨습니다.

"이걸 반생이라고 하는 거야." 건설현장에서 철근과 철근을 묶어 주는 짧은 철사라고 생각하면 됩니다. 왜 반생인지는 모르겠네요. 반을 접어서 사용해서 그런가? 철근과 철근을 묶는 작업을 다른 팀이 하는데, 우리팀은 콘크리트를 붓기 전에 일일이 철근을 확인해서 반생이 안 묶어진 철근에 묶어줍니다. 둘째 날부터는 같이 일하는 분들과 흡연도 하고, 이야기도 하면서 일하다 보니 공사판에 처음인 저도 적응이 되어갑니다. 시간도 더 빨리 가는 느낌입니다.

노가다 현장에서 그날그날 무사히만 끝나면 되니 긴장은 하지만, 지시만 잘 따르면 되니 스트레스는 없었습니다. 드라마에서나 보았던 건설 현장에서 근무를 하다니! 인생 밑바닥까지 내려갔다는 느낌도 들었지만, 이런 곳에서 적응할 수 있는 '나'를 칭찬해 주었습니다.

아파트 현장에서 일한 지 일 주일 정도 지났을때, 검열 나온다고 '건설업 기초안전보건교육 이수증'이 있는 사람만 일할 수 있다고 합니다. 그때 저는 그런 게 있는지도 몰랐습니다. 다시 인력사무소를 통해 다른 소규모 현장으로 배치받아 일하러 갔습니다. 그 다음 일은 닥트 공조 사장님을 만나 건물의 대형 환풍기를 설치하는데 보조로 일했습니다. 그 사장님은 저에게 기술을 알려줄 테니 자기 밑에서 일하라고 하셨는데, 거절했습니다. 높은 사다리를 타고 천장 작업을 해야 했는데, 저는 그게 항상 부담이 되었거든요.

그렇게 군자동 인력사무소(금성인력)를 통해 여러 현장에서 폐기물 나르기, 철근 나르기 등 두어 달 일용직 노가다를 했습니다.

건설안전교육을 하는 곳을 찾아보면 곳곳에 많이 있습니다. 4시

건설업 기초안전보건교육 이수증
(Certificate of Basic OSH Training in Construction)

이   름 : 이 선 형
생년월일 :
등록번호 :
이수일자 : 2018.08.28

2018.08.28
(사)한국건설안전기술사회장
02-420-0106

이너바스 이실장 건설안전교육 이수증

간 교육을 받게 되면, 사진처럼 교육이수증을 줍니다. 기초안전교육이수증이 있어야 큰 건설현장에서 일할 수 있답니다.

일을 시작하기로 결심했다면 인력사무소에서 일용직 노가다부터 꼭 경험하라고 말씀드립니다. 그 이유는 다음과 같습니다.

첫째, 현장을 몸으로 느낄 수 있다.

대부분 사람들은 깨끗한 사무실이나 매장에서 근무합니다. 하지만 기술자가 일하는 현장은 대부분 먼지 많고, 거칠고, 역동적인 느낌입니다. 현장에 대한 경험담을 듣고, 책을 보고, 동영상을 봐도 절대 느낄 수 없는 현장만의 느낌이 있습니다. 그런 현장을 경험해 보는 것은 기술자로서 일을 할 수 있을지 자신의 결심을 테스트해 볼 수 있는 좋은 기회가 됩니다. 만약 거친 현장에서 일할 수 없다고 생각된다면 기술자의 꿈은 접는 게 좋습니다. 누구나 처음에 해보는 일은 생각했던 것보다 많이 어색하고, 마음이 힘들 수도 있습니다. 하지만 함께 일하는 사람들과 어울려 2~3일 일하다 보면 금세 적응합니다. 현장의 노가다는 생각하는 것보다 많이 힘들거나 험하지 않습니다. 머리 아플 일도 없어요. 지시하는 단순한 일만 하면 되니까요. 시간도 빨리 갑니다. 아침 먹고 일하다 보면 점심시간이 되고, 점심 먹고 일하다 보면 그날 일을 마감하는 시간이 됩니다. 오후 4시가 되면 현장 정리하면서 일을 마칠 준비를 하고, 4시 30분이 되기도 전에 환복하고 현장에서 나오게 됩니다. 어떤 날은 세 시에 일을 마쳤는데도 일당을 다 줍니다.

다른 사람들도 일상적으로 하는 일이니 당신도 할 수 있습니다. 할 만해요. 다만 새벽 일찍 출근이 부담되기는 합니다. 그리고 몸 다치지 않게 주변을 잘 살피며 조심해야 합니다. 사무실이나 매장만큼 안전하지는 않으니까요.

둘째, 다양한 분야의 기술자가 모여 있다.

현장에서 기술자들이 어떤 장비를 사용하고, 어떻게 일하는지 눈으로 보고 느끼고, 노하우까지 배울 수 있습니다. 현장에서 일하면서 한편으로는 어떤 기술이 자신에게 맞는지 찾을 수 있습니다. 기술은 정말 많죠. 전기, 도배, 설비, 타일, 장판, 목수, 싱크, 가구, 창호, 금속, 유리, 필름, 페인트, 방수, 철거, 미장 등 분야는 많습니다. 기술자 사장님이 지시하는 것만 할 수 있으나, 현장에 다른 기술자들과 같이 있다 보면 눈으로 보고 배우는 것도 많습니다. 전문분야 한 가지를 선택하더라도 기술자로 독립하면 곁가지 기술들이 필요합니다. 저도 욕실 리모델링 공사와 제품 설치를 하지만 주요 기술 외에 전기, 설비, 도배, 방수, 페인트 작업도 알고 있어야 공사를 문제없이 잘할 수 있습니다.

셋째, 기술자들과 안면을 틀 수 있다.

센스 있게 열심히 일하면, 기술자 사장님의 눈에 들어 그분 밑에서 기술을 배울 수 있습니다. 자신이 원하는 기술이라면 기술자 사장님의 눈에 들도록 신경써서 노력해야 합니다. 기술자 사장님들도 보조가 필요하고, 사업을 확장하려면 사장님이 하는 일에 도움을 줄 수 있는 직원도 필요하니까요. 원하는 기술이 아니라도 우선 배워두면 좋습니다. 나중에 다 쓸 곳이 있습니다. 자신이 원하는 기술을 가진 기술자를 만날 때까지 인력사무소에 나가면 됩니다. 현장이 자신의 뜻과 무관하게 자주 바뀌게 되어 여러 현장을 경험해 볼수 있고, 여러 기술자를 접해 볼 수 있는 기회가 됩니다.

기술자들을 만나 일하면서 연락처나 명함을 꼭 받아놓길 권합니다. 기술자로 독립했을 때, 도움이 될 수 있습니다. 필요할 때 일을 요청할 수도 있고, 기술자에게 처음하는 작업에 대해 물어볼 일들은 반드시 생깁니다. 특히 욕실 리모델링 기술자가 되려면 설비기술자는 필수로 알아놓아야 합니다.

넷째, 재료 및 공부의 명칭과 사용방법을 배울 수 있다.

기술에 관심 없는 분들은 공구를 드라이버, 망치, 펜치 정도만 알고 있죠. 공구 및 연장 종류는 무수히 많습니다. 재료도 종류가 많아요. 인력사무소에서 소개해 주는 현장일을 하면 자연스럽게 공구 이름과 재료 이름을 배우게 됩니다. 그러면서 우수 도우미가 될 수 있고, 일당도 더 받을 수 있습니다. 현장에서 기술자가 필요한 공구를 가져오라고 하는데, 공구 이름도 모르면 기술자가 너무 답답해하고 때에 따라서 짜증 섞인 말도 합니다. 우수 도우미가 되어야 기술자의 눈에 들어 기술을 배울 수 있는 기회가 생깁니다.

다섯째, 많지는 않지만 수입을 얻을 수 있다.

직장 다닐 때보다 기술을 배우러 다니면 가정경제가 힘들 것입니다. 수입도 없다면, 더 힘들겠죠? 노가다 일당이 많지는 않지만 가정경제에 보탬이 됩니다. 직접 힘들게 노가다하면서 얻은 일당입니다. 아껴 쓰게 될까요, 아니면 마구 쓰게 될까요?

주의할 점은

하나, 반드시 기술자 사장님이 지시한 일만 해야 한다.

현장일을 하러 갔을 때, 사장님이 지시한 일만 해야 합니다. 미리 예측해서 '이렇게 할 것이다'라고 본인이 미리 판단하고 해 버리면, 칭찬보다 한 소리 들을 수 있어요. 적극적인 모습을 보여주는 것은 좋지만, 기술자가 생각하고 있는 방법과 절차가 있기 때문에 지시하지 않은 일은 하지 않는 게 좋습니다.

둘, 일이 익숙해졌다면, 자신이 직접 해보겠다고 말해 보세요.

현장에서 작업하는 것은 잘 배워 둡니다. 그리고 사장님이 자주 사용하시는 공구는 제자리에 잘 챙겨두세요. 보통 반복 작업이 많기 때문에, 어떤 때에 어떤 공구가 사용되는지 느낌으로 알 수 있습니다. 사장님이 필요한 공구를 적절한 타이밍에 미리 준비해 보세요. 센스 있다고 칭찬받습니다. 현장에서 자신이 뭔가를 해야 할 것으로 판단되면, 사장님께 물어보고 합니다. 물어보는 적극성을 보여드리면, 사장님께 좋은 이미지를 줄 수 있습니다.

셋, 말을 너무 많이 하면 불편한 관계가 될 수 있다.

처음 만나서 많은 말을 하거나, 사적인 질문은 금지! 일에 관한 질문도 많이 하지 마세요. 궁금한 것이 있다면, 일할 때 질문하지 말고 잠시 휴식을 취할 때, 한가할 때 분위기 봐가면서 한두 가지만 물어보는 것이 좋습니다. 바쁜데 말 걸면 정신이 분산되기 때문에, 기술자가 귀찮아합니다.

넷, 한 소리(짧은 훈계) 듣더라도 참으세요.

사람 성격이 다양하듯 기술자의 성격도 다양합니다. 과묵한 성격도 있지만, 말이 많은 기술자도 있고 다양한 성격이 있습니다. 당신은 기술 입문자입니다. 실수할 수도 있고, 장비나 재료를 망가트릴 수도 있어요. 일을 같이 하면서 한 소리 들을 수도 있습니다. 너무 충격받지 마세요. 성질 급한 기술자는 화를 내기는 하지만 뒤끝은 없고요. 내성적인 분들은 한 소리 한 후 나중에 오히려 미안해한답니다. 기술자는 맡은 일을 책임지고 마감해야 하는 부담감이 있기 때문에, 변수가 생기면 스트레스를 받습니다. 너그럽게 이해해주시고, 가벼운 정도는 참을 줄도 알아야 한답니다.

다섯, 노가다는 일주일에 3~4일만 하세요.

노가다는 체력 관리가 중요합니다. 의욕이 너무 앞서 일주일에 5일 이상 일하게 되면 체력이 떨어질 수밖에 없습니다. 아직 몸 적응도 덜 된 상태고, 안 쓰던 근육을 쓰게 되기 때문에 처음에는 근육통이 생깁니다. 그런 상태에서 무리하다 보면 다칠 수 있습니다.

노가다를 하고 집에 오면 몸은 좀 고단하겠지만 마음이 조금은 편해질 것입니다. '나도 뭔가를 하고 있다.'는 안도감이 올라오죠. 마음의 불안감이 줄어들면서, 피곤이 몰려옵니다. 이때에도 집에 와서 긴장감을 놓으면 안 됩니다.

"꼴에 노가다 조금 하고 왔다고, 이젠 집에 와서 아무것도 안 하려고 하네!"

와이프가 이렇게 생각할 수 있습니다. 아니 대부분 그렇게 생각할 거예요. 말을 안 할 뿐입니다.

이제 시작입니다. 긴장을 놓으면 안 돼요. 전 글에서도 말씀드렸지만, 집에서도 부지런히 움직여 줘야 합니다. 그렇게 하기 위해서 체력관리를 잘해야 하죠. 중간중간 쉬는 날을 가지면서, 피로를 덜 수 있도록 하고, 누구에게도 게으른 모습을 보여서는 안 됩니다. 쉬는 날도 자신이 어떤 기술을 배워야 할지 고민하고 찾아보세요. 주말은 일하지 말고 쉬면서 가족과 함께 보내고, 와이프와 대화를 많이 하세요. 그리고 아이와 놀아주세요. 어렸을 때 아빠와 놀았던 추억이 아이에게는 오래 기억됩니다.

평일에 쉬는 날은 늦잠 자거나, 나태하게 보내지 말고 아침 일찍 일어나야 합니다. 점심은 나가서 먹습니다. 친구나 지인이 일하는 곳에 가서 점심을 같이 먹고, 커피 한 잔 하면서 경험담을 들려주세요. 마음속 이야기를 하면 스트레스 많이 풀리는 것 알죠? 집에 오면 해야 할 일들(청소, 빨래, 설거지, 저녁 준비)이 있잖아요. 노가다하면 몸이 피로하지만, 집안일은 반드시 해야 합니다. 가족의 응원과 지원을 받으려면 어쩔 수 없는 일입니다. 노가다 일당 조금 벌어왔다고, 집안일을 놓아버리는 일은 없어야 합니다. 와이프도 가정경제를 책임져야 한다는 정신적 압박감으로 많이 힘들 것입니다. 자기 자신만 생각하지 마세요.

　기술을 배우겠다고 결심하고, 인력사무소를 통해 두 달 정도 일하다 보면 얻는 것, 배우는 것, 느끼는 것이 많습니다. 경험치도 당연히 증가합니다. 기술자가 되기 위하여 꼭 거쳐야 할 입문 과정입니다.

이너바스 이실장 명언-4

"진정한 행복은
마음이 편안한 상태이다!"

스승 찾아 삼만 삼천 리!

앞 글에서 일용직 노가다 경험을 한두 달 해야 한다고 말했는데, 그것은 기술자가 되기 위해 결심했다면 꼭 경험해 봐야 합니다.

아직 사수(스승)를 못 만나셨나요? 제 경험을 알려드리겠습니다.

기술을 배우겠다고 결심하고, 일용직 노가다를 한두 달 하면서 저는 어떤 기술자가 되어야 할지 결정했습니다. 저는 타일 기술자로 결정했어요. 기술 분야는 자신의 흥미와 적성에 맞는 것이 좋습니다. 저는 유튜브도 보고, 검색도 해보면서 욕실을 아름답게 리모델링하는 일에 마음이 끌렸습니다. 작업이 거칠지만 세밀한 부분도 필요하고, 갖가지 기술을 다양하게 펼칠 수 있는 것이 마음에 들었습니다. 그리고 다른 기술보다 배우는 기간이 짧을 것이라고 생각했습니다. 사실 그리 짧은 편은 아닙니다. 하지만 일용직 노가다를 하면서 타일 시공하는 기술자를 만나지는 못했습니다. 그래서 제가

2020년 공릉동 건영아파트 욕실 세팅

기술자를 소개받을 수 있도록 주변 사람들에게 부탁했습니다. 결국 친구의 지인이 욕실 리모델링 기술자인데, 보조를 구하고 있다는 말을 들었습니다.

하지만 바로 일을 배울 수는 없었습니다. 그분이 "타일학원을 한 달이라도 다니고 와야 같이 일할 수 있다."라고 했답니다. 그래서 타일학원을 알아봤는데 학원비가 비싸 상당히 부담되었습니다. 노동부 국비지원과정 알아보고, 내일배움카드(노동부 기술교육 지원금 카드)를 신청하여 강서구에 있는 타일학원에 등록했습니다. 수강비용이 100만 원 정도였지만 다행히 90%는 고용노동부의 지원으로 충당할 수 있었습니다. 타일 교육과정은 월~금까지, 아침 9시에 시작하여 오후 5시 넘어서 끝났습니다. 한 반에 20명 정원이었고 대부분 나이가 20대, 30대의 젊은 동생들이었습니다. 40대 나이는 저 혼자였어요. 그리고 60대 할아버지가 2명, 여성분도 1명 있었습니다. 그 틈바구니에서 타일 시공을 살짝 맛보기로 경험할 수 있었습니다. 물론 학원과 실제현장은 다릅니다. 타일을 자르고, 붙이는 작업이 저는 재미있었습니다. 타일을 갈아낼 때에는 먼지가 너무 많이 나기 때문에 반드시 방진마스크를 써야 했습니다. 안경도 항상 먼지가 뽀얗게 앉아 내 시야를 가렸습니다.

타일 시공에 적성이 맞았는지 수강생 20명 중 작업 속도와 퀄리

2018년 강서구 타일학원에서 이너바스 이실장의 첫 타일 실습

티가 상위권에 속했습니다. 사실 처음 접하는 타일 시공이 쉬운 것은 아닙니다. 한달 가량 타일학원에 다니면서 수강생들과 친해져 가끔 소주도 한 잔 했는데, 타일작업을 배우는 사연은 다양했습니다. 학원을 다니게 되면 눈썰미 있고, 손재주 있는 수강생 친구와 가깝게 지내세요. 나중에 필요할 수도 있습니다.

학원에서 수강이 거의 끝나갈 때쯤 일자리를 소개해 준다고는 하는데, 그 말은 안 믿는 것이 좋습니다. 가능성이 별로 없어요. 학원에서 1년 동안 몇백 명이 수료하는데, 수료생들을 어떻게 다 취업을 시켜주겠어요. 직접 발로 뛰어다니면서 알아볼 수밖에 없습니다.

한 달이 조금 넘는 동안 타일학원 수강을 마치고 친구가 소개해 준 기술자 사장님과 통화할 수 있었습니다. 일이 있을 때, 같이 일하면서 기술을 알려주겠다고 합니다. 일당은 5만 원이고, 점차 잘하게 되고 할 수 있는 작업이 많아지면 올려준다고 합니다. 저는 기술을 배우는 것이 목적이었고 당장 내가 할 수 있는 기술이 없기 때문에, 일당은 크게 신경 쓰진 않았습니다. 그때는 그랬어요.

며칠 뒤 기술자 사장님이 현장이 잡혔다고, 성북동 현장으로 아침 8시에 시간 맞춰 오라고 했어요. 현장에서 처음 사장님을 봤는데, 사장님이 저와 동갑이어서 말을 편하게 하라고 합니다. 제가 일을 배우는 입장인데 어떻게 그렇게 하겠냐고 하니, 사장은 그게 편하답니다. 저는

"사장님! 무엇이든 제가 할 수 있는 일이라면 편하게 지시해 주세요!"

라고 했습니다. 사장과 여러 현장을 다니며 작업을 배우고, 현장실습을 할 수 있었습니다. 욕실 철거, 제품 및 재료 양중, 타일 시공, 돔천장, 위생도기 및 제품 설치 기술을 배웠고 도우미 역할을 했습니다.

현장에 제품들이 배송되면 어떤 자세로 들고 옮기며, 제품들은 현장의 어떤 위치에 놓아야 편한지, 철거는 어떤 공구로 어떻게 작업하는지, 제품은 어떤 것들이 있고 어떻게 시공해야 하는지, 타일

시공에서 중요한 것은 어떤 것이 있는지, 욕실 돔천장 올릴 때 주의할 점은 무엇인지 많은 것을 알게 되었습니다. 중요한 것은 사장이 어떤 공구로 어떻게 하는지 잘 보고 직접 내 손으로 해봐야 느낌과 방법을 알 수 있습니다.

처음에는 현장에서 제가 할수 있는 작업이 없었기 때문에 청소와 공구 정리부터 시작했습니다. 사장이 작업하면서 상세하게 작업을 설명해 주었습니다. 다음번에는 제가 직접 해보라고 기회를 주네요. 돌리고, 조이고, 뽀개고 재미있는 일이었습니다. 욕실 리모델링 하면서 사장이 대부분의 작업을 직접 했지만, 일의 양이 많으면 별도로 타일기술자를 불러 시공합니다. 타일기술자가 와서 욕실과 베란다

에 타일 시공할 때는 제가 데모도(보조)를 했어요. 제가 타일박스 나르고, 압착시멘트나 드라이픽스 믹스하고 현장을 정리하는 등 타일기술자가 편하게 일할 수 있도록 도왔습니다. 저도 타일학원을 수료했기 때문에 타일 커팅도 할 수 있었지만, 기술자가 한번 시켜보고 안 시키네요. 전문 기술자는 다릅니다. 타일 재단 시 1mm 이상의 오차는 허용하지 않아요. 비겁한 변명이긴 하지만, 손에 익은 내 타일커터기가 아니었기 때문에 정확하게 커팅하기 어려웠습니다.

사장과 같이 다닌 지 몇 개월 지났습니다. 사장이 제 작업에 대한 기대치가 커졌습니다. 사장이 지시하여 제가 작업해 놓으면, 사장이 제가 해 놓은 작업에 화를 자주 냅니다. 사장이 보기에는 부족했나 봅니다. 사장이 지시한 것 중 제가 생각했을 때 "이건 이렇게 하는 게 맞는 것 같은데, 그렇다고 이렇게 하면 사장이 또 화를 낼 것 같은데 어떻게 해야 하나?" 저 혼자 고민을 했습니다. 사장에게 물어보면 또 화를 낼 것 같아 물어보기도 그렇고. 그런 일들이 있다 보니 주눅도 들고 일의 속도도 느려집니다. 속도가 느려지니 또 욕먹고. 그래도 사장에게 물어보고 해야 했습니다. 그때 조금 서운했던 것도 사실입니다.

"그럴 거면 네가 하지 왜 나한테 시키냐?"

지금은 사장의 마음을 이해할 수 있고, 제가 일을 배울 수 있게 기회를 준 사장에게 고맙다고 생각하고 있습니다. 한 사람을 기술 자로 만들기 위해 기술을 알려주는 일은 쉽지 않습니다. 참을성도 많이 필요하죠. 사장이 직접 하면 10분이면 끝낼 일을 제가 하면 30 분 넘게 걸렸으니까요.

사장은 직접적인 작업 방법 외에도, 견적서 작성, 집주인과 상담 하고, 인터넷 기술자 카페에 업체 홍보글 올리는 방법도 알려 주었 습니다. 궁금한 점이 있을 때는 같이 출퇴근 하면서 차 안에서 사장 에게 물어봤습니다. 현장에서의 기술만 중요한 것이 아니라, 홍보 하고 고객응대하는 것도 중요합니다. 누군가는 저에게 일을 주어야 기술을 펼칠 수 있으니까요.

내가 독립하여 욕실 리모델링 공사를 하게 되면 어떻게 해야할 지 생각해 보았습니다. 집주인 상담부터 공사 마무리까지 모두 혼 자 해야 할 경우를 생각했습니다. 일 끝내고 집에 오는 길에 머릿속 에서 작업 순서와 방법을 그려보았고, 일하고 집에 와서 그날 배운 것들과 좋은 꿀팁, 나중에 구매해야 할 공구 등을 메모했습니다. 현 장에서 메모를 하는 것은 번거롭고 사장 눈치도 봐야하기 때문에 어렵습니다.

기술을 배울 수 있는 스승을 찾는 방법은

첫째, 친구, 친척, 지인에게 내가 기술을 배우고 싶다는 것을 알리고, 부탁하자.

가까운 친구나, 친척, 지인 등을 통해 주변에 기술자가 있는지, 소개해 줄 수 있는지 알아봅니다. 자존심 같은 건 포기하세요. 이것 저것 따지다 보면, 기술자를 만날 수 없고, 기술을 배울 수 없습니다. 만약 소개로 기술자 사장님을 만난다면, 부담을 가지고 센스 있게 잘해야 합니다. 지인도 부담을 가지고 기술자를 소개해 주는 것입니다.

둘째, 인력사무소를 통해 '노가다' 하면서 찾아보자.

바로 전 글 '노가다부터 시작한다. 따라와!'에서 말씀드렸듯 현장 경험을 하면서, 그곳에서 기술자 사장님을 찾을 수 있습니다. 제가 가장 추천하는 방법입니다. 기술자 사장님과 같이 일하면서 함께 일할 수 있는 사람인지 판단합니다. 기술자 사장님도 '이 녀석 일 시켜보니 괜찮네!'라고 생각되면, 같이 일하자고 말할 거예요. 제의가 들어왔을 때 '옳다구나.' 하고 바로 결정하지 마세요. 물론 일을 경험할 수 있는 좋은 기회이긴 하지만, 다른 기술을 배우거나 경험할 기회를 놓치는 기회비용도 있다는 것을 알아야 합니다. 그래서 인력사무소를 통한 현장의 다양한 노가다를 두 달 정도 경험해 보라고 하는 것입니다. 노가다 현장에서 두 달 가량 일하면, 자신이 배우고 싶은 기술이 무엇인지 알 수 있습니다. 제의가 들어왔을 때, 당신이 흥미가 있어 그 기술을 배워야겠다는 생각이 든다면 오케이하세요.

셋째, 알바 구직사이트를 알아보자.

알바몬, 알바천국 등 구직사이트에서 찾아 보세요. 업직종 검색에 들어가서 노무, 공사, 건설현장으로 선택하고 채용하는 곳을 살펴봅니다.

검색해서 확인하고, 당신이 거주하는 지역으로 지원하면 됩니다. 지원하기 전에 해당 사이트에 이력서를 성의껏 작성하여 등록해야 합니다. 제가 15년 동안 직장생활하면서 했던 일이 아웃소싱 직원을 채용 관리하는 일이었습니다. 하루에도 이력서, 자기소개서를 수십수백 장씩 봐왔습니다. 인기 있는 채용은 구직자가 많았는데, 제가

알바몬 채용공고

가장 중점을 두는 것은 이력서와 자기소개서를 성의있게 작성했느냐입니다. 생각 없이 대강 작성한 이력서는 1초 만에 버려집니다. 그 다음 중요한 것이 관련 경력이 얼마나 있느냐입니다. 건설 노무쪽 이력서와 자기소개서를 작성할 때 큰 부담을 갖지 않되, 모든 질문 칸은 다 채워주고, 성의껏 작성하면 됩니다.

넷째, 기술자 인터넷 카페에서 알아보자.

네이버 인기통(인테리어 기술자 통합모임) 카페에 들어가면, 기술들이 분야별로 나와있습니다.

앞 이미지에서 남자 인력(용역)을 클릭하면 여러 곳에서 일할 사람을 구하고 있습니다. 자신의 지역을 고려하고 자신이 흥미가 있

네이버 인기통 카페

는 일을 선택해 전화해 보세요. 아니면 자신이 배울 기술을 결정했다면 기술 분야별 구인/구직코너가 있습니다. 목수, 마루, 도배, 타일, 장판, 싱크, 가구, 창호, 유리, 금속, 전기, 조명, 소방, 필름, 방수, 철거, 설비, 미장 등 기술이 아주 다양하죠. 여기에 구직 등록을 하여 기술자 사장으로부터 전화오기를 기다리거나, 구인등록에 올라와 있는 글의 연락처로 전화해 보세요. 여기에 올리는 기술자 사장님은 꾸준히 일을 하고 있는 분들이고 지금 당장 자신을 보조할 작업자를 구하는 것입니다. 일할 사람이 필요하니까 인기통 카페를 이용하는 것이죠. 까페를 통해 일을 하다 보면 좋은 기술자 사장을 만날 수 있는 좋은 기회가 될 것입니다.

적극적으로 일하려는 의지가 중요합니다. 주변을 찾아보면 분명 흥미가 있고, 자신을 필요로 하는 곳은 반드시 있습니다.

이너바스 이실장 명언-5

"아는 만큼 보이고,

보이는 만큼이 실력이다."

변기 메지에 곰팡이가 피었을 때 조치법

    욕실 변기 메지 부분에 곰팡이가 피는 경우가 많습니다. 욕실은 다른 곳보다 어둡고, 습하고, 통풍이 잘 안 되기 때문에 곰팡이가 서식할 수 있는 최적의 조건이기도 합니다. 욕실에 곰팡이를 방지하고, 청결하게 유지하려면 최대한 습기가 머물지 않도록 평상시 문을 열어 놓는 것이 좋아요. 제가 변기 교체하러 방문했을 때 많은 주부 분들이 변기 메지 곰팡이를 어떻게 처리해야 하는지 물어봅니다. 제가 알려드릴게요.

    자주 물이 닿는 부분에 곰팡이가 피는 것을 막을 수는 없습니다. 곰팡이가 피면 제거할 수밖에 없는 것이죠. 위 사

진처럼 까맣게 곰팡이가 피었을 경우의 조치 방법 알려드릴게요.

유한락스는 곰팡이에게는 치명적인 게임 체인저입니다. 락스와 키친타월, 고무장갑을 준비하세요. 그런 다음 "곰팡이, 니들 다 죽었어!"라고 한 번 외치고.

① 변기 메지에 키친타월을 길게 4분의 1로 접어 둘러놓습니다.

② 락스 원액(물 타서 희석하지 마세요)을 종이컵을 사용해(고무장갑을 끼고) 변기 메지에 둘러진 키친타월에 붓습니다. 락스에 충분히 척척하게 적셔지도록 많이 붓습니다. 저는 편하게 하려고 분무기를 사용했는데, 락스가 에어로졸 상태가 되면 가습기 살균제와 같은 효과가 있어 폐에 안 좋다네요. 분무기 사용금지! 당연히 욕실 문도 열어 놓은 상태에서 하세요..

③ 락스에 충분히 적셔진 키친타월이 곰팡이 핀 변기 메지에 밀착되도록 고무장갑 낀 손으로 꾹꾹 눌러줍니다. 밀착이 잘 되어야 효과가 좋습니다.

④ 욕실 문은 열어 놓고(환기될 수 있도록) 4~5시간 이상 놓아둡니다.

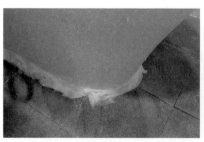

보통 욕실을 사용하지 않는 밤에 하는 것이 좋아요. 자기 전에 이렇게 해 놓고 자면 됩니다.

⑤ 다음날 아침에 고무장갑 낀 손으로 락스에 적셔진 키친타월을 제거합니다. 주의할 점은 절대 맨손으로 작업하지 마세요. 방수 잘되는 고무장갑을 끼고 해야 합니다.

아침에 일어나서 적셔진 락스 묻은 키친타월을 떼어내면 이렇게 되어 있어요. 곰팡이 때문에 새까맣게 된 부분이 많이 없어졌죠? 90% 이상 제거됩니다. 만약 곰팡이가 조금도 남아있는 게 싫다면 락스 묻혀서 한 번 더 해보세요. 그러면 표백도 되고 더 말끔해진답니다.

변기 메지 뿐만 아니라 곰팡이가 자주 피는 곳는 이런 식으로 조치하면 됩니다.

Part 2

기술자가 뭐 별거라고

기술 배울 때는 센스 있게

기술자 사장이 저와 동갑이라 친구처럼 지냈지만, 그래도 스승이라고 생각하며 궂은일, 힘든 일은 제가 하려고 했습니다. 사장은 기술이 필요한 작업을 해야 하니까요. 사장 기분도 잘 맞춰가며 사장과 가까워질 수 있도록 노력했습니다.

가끔 대마찌(현장으로 일하러 갔는데, 일을 진행할 수 없는 상황이 생겨 부득이 쉬어야 한다는 노가다 용어) 나는 날에는 함께 건전 마사지 받고 스크린 골프도 쳤습니다. 소주도 한 잔 했습니다. 많이 가까워졌고, 사장도 저를 많이 챙겨주려고 했습니다.

사장에 대해 말씀드리자면, 제가 사장에게 일을 배우기 시작했을 때, 사장은 욕실 리모델링을 본격적으로 시작한 지 아직 1년이 안 된 시점이었습니다. 그전에는 장사도 했고, 인테리어 목수도 하면서 기술적으로 다양한 경험을 했다고 합니다. 키가 훤칠하고 체격이 좋은 편이며, 인테리어 감각과 손재주도 있습니다. 사장도 타

2021년 강동구 강일○○베파크 욕실 세팅

일 기술은 타일학원에서 배웠다고 합니다.

처음에는 제가 할 수 있는 작업이 많지 않았지만, 사장이 가르쳐 주고 현장 경험을 하면서 제가 혼자 할 수 있는 작업이 점점 늘어났습니다. 사장이 자리를 비우고 저에게 현장을 맡기는 일도 있었어요. 하지만 일당은 5만 원에서 변화는 없었습니다.

제가 없었다면 사장이 혼자 작업했거나, 다른 기술자에게 작업을 맡겼을 거예요. 어떤 때에는 작업이 밤늦게 끝나는 날도 있었습니다. 그때는 '이번 현장의 일당은 좀 더 챙겨주겠지.'라고 살짝 기대했지만 일당 5만 원은 바뀌지 않았습니다. 솔직히 섭섭했습니다. '일용직 노가다를 해도 일당 13만 원은 받는데, 5만 원은 너무하네!'

"이번엔 남는 게 얼마 없어, 다음엔 좀 더 챙겨줄게!"

섭섭했지만 섭섭한 마음을 드러내지는 못했어요. 제가 섭섭하다는 말을 사장에게 했다면, 흥분을 잘하는 사장이 불같이 화를 냈을 것입니다. 더이상 사장을 통해 현장 경험을 할 수 없었겠죠. 그리고 저는 다른 기술자를 찾아야 했을 겁니다. 제가 가진 기술이 아직 독립할 만한 수준은 아니었으니까요.

사장에게는 좋은 점도 있었습니다. 집주인이나 고객들과 소통을 잘하며, 고객이 원하는 것은 대부분 들어주고 더 해줄 것은 없는지 물어봅니다. 그리고 사장은 점심을 잘 챙깁니다. 가능하면 맛있는 점심을 먹으려고 주변 맛집을 찾았습니다. 저는 바이크가 있어서, 현장이 서울이면 아침에 바이크로 현장까지 갔지만, 현장이 멀면 성북구 장위동 사장 집에 바이크를 두고(참고로 저는 종로구 원서동), 사장 차를 같이 타고 현장으로 이동했습니다. 모든 공구나 연장은 사장이 가지고 있는 것을 사용했는데, 저는 사장이 어떤 공구를 가지고 있는지 꼼꼼하게 파악했습니다. 사장이 기분 좋을 때는 여분의 공구가 생기면 챙겨 주기도 했습니다.

기술자 사장님께 배우면서 지켜야 할 것들

하나, 작업현장에 일찍 도착해야 한다.

기술자 사장님은 현장에 늦게 도착할 수 있습니다. 부족한 재료를 구매하거나, 다른 집주인과 상담이 늦어지는 경우도 있거든요. 기술을 배우는 입장에서 현장에 일찍 도착해야 합니다. 사장님보다 현장에 늦게 도착하면, 분위기가 서늘해지고 어색해집니다. 항상 사장님보다는 일찍 도착할 수 있도록 30분은 여유를 가지고 출발해야 합니다. 일찍 도착해서 현장을 정리하고, 바로 작업할 수 있도록 준비하는 것이 기술을 배우는 입문자의 기본입니다.

둘, 혼자 판단하고 행동하지 마라!

사장님이 지시를 했는데 만약 무슨 말인지 모를 경우, 한 소리를
듣더라도 꼭 물어봐야 합니다. 당신이 생각한 것과 사장님이 생각
한 것이 다를 수 있습니다. '이걸 하라는 거겠지?' 하고 마음대로 해
석하게 되면, 문제가 생길 수도 있습니다. 당신 생각대로 작업해버
렸다가 나중에 되돌릴 수 없는 상태가 될 수도 있어요.

지시한 작업이 끝나면, 다음 할 것을 물어봐야 하는데 "이젠 뭐
해야 해요?" 물어보는 것보다 "철거 끝났으니, 폐기물 한쪽에 잘
정리하면 되죠?" 라고 사장님이 당신에게 지시를 편하게 내릴 수 있
도록 구체적으로 묻는 것이 더 좋습니다. 사장님도 직접 해야 할 작
업이 있기 때문에, 당신이 하는 작업을 계속 지켜볼 수 없습니다. 당

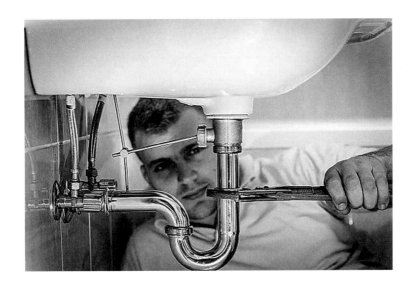

신이 한 말 한마디에 따라 당신의 이미지는 달라집니다. 이것은 모든 사회생활의 공통점이기도 합니다.

사장님이 지시한 작업을 마무리했으면, 바로 보고하지 말고, 당신이 한 작업을 확인해야 합니다. 제대로 잘했는지, 손이 더 갈 곳은 없는지 확인해야 하죠. 작업자는 확인하는 습관이 항상 몸에 배어 있어야 합니다. 확인 후 사장님에게 보고합니다.

셋, 특이사항 발생 시 즉시 보고!

작업을 하다 보면, 예측하지 못한 특수 상황이 발생할 수 있습니다. 작업자는 입문자이기 때문에 실수할 수도 있어요. 그럴 때엔 즉시 사장님에게 보고해야 합니다. 욕먹기 싫어 실수를 감추려고, 당신이 어떻게든 해결하려고 하면, 더욱 돌이키기 어려운 상황이 발생할 수 있습니다. 만약 사장님이 현장을 비웠다면 반드시 전화로 물어보고 지시를 따라야 합니다. 사장님이 지시했지만, 당신이 생각했을 때 '상식적으로 이렇게 하는 건 아닌데~'라고 생각되어도, 사장님이 지시한 대로 해야 합니다. 당신은 아직 경험이 부족하고, 사장님이 그렇게 하라고 하는 데는 이유가 있습니다. 현장에서 어떤 일이 일어났을 때, 전적으로 책임은 사장님의 몫입니다. 책임도 지지 않는 입문자가 사장님의 말을 안 따르면 더 이상 같이 일을 할 수가 없는 것이죠.

특수 상황은 사장님 입장에서는 생각하기 싫은 상황이겠지만,

배우는 입장에서는 좋은 경험이 됩니다. 당신도 기술자로 독립하면 당신의 현장에서 비슷한 상황이 발생할 수 있기 때문입니다. 그 상황은 왜 일어나는지, 그런 상황에서 사장님은 어떻게 조치하는지, 어떤 장비를 어떻게 사용하는지 상세하게 잘 배우고 머릿속에 기억해 놓습니다.

넷, 학원이 아니다. 긴장하고 기억하라!

당신은 기술을 배우는 입장입니다. 현장에서 작업할 때 사장님의 말 한마디가 꿀팁입니다. 기억을 잘 못할 것 같으면, 휴대폰 메모장에라도 적어 놓으세요. 물론 사장님 앞에서가 아니라 잠시 휴식할 때 메모합니다. 현장에서 장갑 벗고, 메모하는 모습은 좋아 보이지 않습니다. 성격 급한 사장님은 못 참을 수 있어요. 사장님이 현장에서 가장 중요하게 생각하는 것은, 공사를 문제없이 마무리하는 것이지, 일 배우는 분들이 일 잘할 수 있도록 기술을 알려주는 것이 아닙니다. 기술을 배우는 분은 그런 것을 착각할 수 있습니다. 학원이 아니에요.

다섯, 기술자의 마음을 얻어라.

현장에서 사장님과 많은 시간을 보내면서, 사장님의 마음을 읽을 줄도 알아야 합니다. 작업을 하는 데 속도가 중요한 작업도 있고, 시간이 걸리더라도 섬세하게 작업해야 하는 것들도 있습니다. 빨리

해야 하는 작업을 꼼꼼하게 한다고 천천히 하고 있다면? 사장님은 지켜보지 않는 것 같아도 당신이 일을 어떻게 하고 있는지 느끼고 있습니다. 사장님이 지켜보지 않는다고 해서 대충 하거나 게을러지면 안 됩니다. 누군가는 지켜볼 것이고, 나중에 작업한 것을 확인해보면 대충 했는지, 꼼꼼하게 성의껏 작업했는지 알 수 있습니다. 기술을 배울 때의 습관이 기술자로 독립했을 때에도 이어집니다. 배울 때 착실한 습관을 만들어야 합니다.

여섯, 일머리를 키워라!

사장님이 지시한 것만 하라고 하여 사장님이 지시한 일이 없으면, 가끔 멀뚱히 서서 가만히 있는 분들도 있습니다. 사장님이 지시하기 전에 일을 찾아서 하세요. 주변을 정리하거나, 공구를 잘 챙겨놓거나, 빗자루로 청소라도 하길 바랍니다. 할 것이 없다면 사장님에게 물어보세요. 현장에서 아무것도 안 하고 가만히 있으면 본인도 힘들고, 사장님도 답답해할 것입니다. 지시하지 않아도 알아서 현장을 정리하면, 사장님도 편해집니다. 일일이 지시하는 것도 사장님 입장에서는 번거롭고 힘든 일입니다.

일곱, 사장님 공구와 연장은 자기 공구처럼 쓰고, 정리하고, 아껴야 한다.

내 공구 아니라고 거칠게 다루거나, 아무렇게나 내팽개쳐 놓으

면 안 됩니다. 사장님의 소중한 자산입니다. 당신의 공구가 아니라고 마구 다루는 모습을 사장님이 보면, 당신이 사용하게 하고 싶은 마음이 없어집니다. 그리고 사장님과 현장에서 공구를 같이 사용하게 되면, 사용한 공구는 반드시 공구통이나 정해진 곳에 잘 놓아야 합니다. 공구를 아무 데나 놓으면 서로 찾아야 하고, 그러다 보면 시간도 가고 짜증도 납니다. 사용한 공구 중 닦아 놓아야 할 것(시멘트 묻은 공구)은 그날 일을 마감하기 전에 닦아 놓고, 정리한 후 현장을 나와야 합니다. 이런 습관을 들이지 않는다면, 당신이 독립해도 정리 안 합니다. 처음 습관이 중요해요.

여덟, 현장에서는 몸가짐을 조심해야 한다.

생각 없는 손짓, 발짓 하나가 제품에 손상시킬 수도 있고, 제품이나 공구를 망가트릴 수 있으며, 이미 시공한 다른 작업물을 망쳐 놓을 수 있습니다. 작업하려고 할 때는 번거롭더라도 공간을 잘 확인하고, 공간이 없으면 물건들을 옮겨 공간을 만들고, 쓰레기 치우고 주변 정리하면서 해야 합니다. 더러워지거나 먼지 묻으면 안 될 것들이 있다면 다른 곳으로 옮겨 놓거나 보양하고 해야 합니다. 자신의 실수로 제품이나 공구, 그리고 현장이 망가진다면 안 되겠죠?

아홉, 점심 먹을 때, 사장님과 같은 메뉴로 선택한다.

사장님과 식사할 때, 사장님과 가능하면 같은 메뉴로 선택합니다. 그렇게 해야 사장님과 동질감을 형성할 수 있어요. 별로 중요한 게 아닌 것 같지만, 작은 것 하나라도 닮아가려고 노력해야 합니다. 그래야 사장님이 뭔가 하나라도 더 알려주고 싶은 마음이 생기겠죠.

열, 사장님이 고객과 상담할 때 끼어들면 안 된다.

사장님이 고객과 상담할 때, 자신이 좀 안다고 끼어들면 안 됩니다. 사장님이 생각한 것이 있어서, 고객에게 그렇게 말하는 것입니다. 조용히 듣기만 하고(듣기만 해도 도움이 많이 됨), 궁금한 점이 있다면 나중에 사장님께 조용히 물어보세요. 현장은 모두 사장님의 책임입니다. 사장님은 부담감을 가지고 집주인과 상담하고, 작업을 진행하는데, 일 배우는 입장에서 눈치 없는 행동을 하면 일을 난감하게 만들 수 있습니다.

열하나, 내 몸은 내가 지킨다.

현장에서는 다칠 수 있는 상황은 너무 많아서, 일일이 모두 설명할 수는 없습니다. 작업 중 부상은 절대 있어서는 안 될 일이죠. 무거운 연장이나 제품들은 허리에 무리가 가지 않는 자세로 들어야하며, 혼자 옮기기 힘든 것들은 사장님이나 다른 분께 도움을 요청해야 합니다. 무리하지 마세요. 그라인더, 드릴, 전기톱 등 전동 공구를 이용할 때는 사용방법에 맞게 안전하게 다뤄야 합니다. 사용방법을 잘 모르는 공구는 사장님에게 충분히 배우고 연습한 후 다뤄야 합니다. 사장님이 지시한 것 중, 다칠 가능성이 있다고 생각되면 안전하게 할 수 있는 방법을 물어봐야 합니다. 먼지 많은 현장에서는 작업용 방진마스크를 구매하여 끼고, 장갑은 필수입니다. 보호안경도 필수입니다. 작업을 하다 보면 눈으로 튀는 것들도 많습니다. 그래서 제 작업용 안경은 긁힘이 많이 생깁니다. 안전화도 신어야 하고 그 외에도 필요한 안전장구는 갖추고 작업을 해야 합니다. 귀찮다고 생략하면 절대로 안 됩니다. 자신의 몸은 무엇과도 바꿀 수 없는 가장 소중한 자산입니다. 부상은 기술자의 꿈을 접게 할 뿐만 아니라 자신의 가정에도 큰 위험이 될 수 있습니다.

열둘, 일당 높여달라고 하지 마라. 시간과 경험이 일당을 결정한다.

사장님과 일하기로 했을 때, 하루 일당과 지급 시기(월 단위로 정산할지, 한 현장이 끝날 때마다 줄 것인지)를 정해야 합니다. 사장님도 당신이 기술을 배우러 오기로 했다면 어떤 일을 시킬지, 그 일이 얼마나 힘들지, 사장님 자신에게 어떤 이득이 될지, 당신에게 어떤 것을 알려줄지를 생각한 후에 일당을 결정합니다.

해보지 못하고 배우지 못한 일인데, 사장님께 하루 일당으로 얼마를 달라고 요구할 수 없는 것이죠. 처음 일을 시작했을 때 하루 일당은 사장님이 주는 대로 받는 것이 좋습니다. 물론 저처럼 최저시급보다도 적을 수 있습니다. 하지만 기술자가 되기 위해 일을 배우고 경험하러 간 것이라고 생각하세요.

사장님 입장에서는 당신이 없어도 일하는 데 큰 문제는 없습니다. 당신이 있다면 신경 쓸 일만 더 생길 수도 있어요. 물론, 당신이 청소나 정리를 해 주면 조금 편해지기는 하겠죠. 그리고 사장님이 견적서를 작성할 때 금액을 넉넉하게 넣을 수 없는 상황도 생깁니다. 처음에는 사장님이 생각하는 대로 받으세요.

"할 줄 아는 것도 없는 녀석이, 일당을 그만큼이나 높여 달라고?"

사장님 말씀 잘 따르고 현장 일이 어느 정도 손에 익어서 당신도 한 사람 몫을 할 경우에는 사장님이 일당을 (기술자 일당만큼은 아니겠지만) 높여 줄 것입니다. 한 사람 몫을 잘해 내고 있는데, 일당을 높여주지 않을 때는 사장님에게 조심스럽게 말씀드려 보세요. 이때에도 사장님이 일당을 높여주지 않는다면, 이제 독립할 때가 다가온 것입니다. 짠돌이 사장님과는 오래 일을 같이 할 수 없습니다.

"실수를 해도 깨닫지 못하면
사람이 아니고,
내가 실수를 하고 배우면 하수,
남이 실수한 것을 보고 배우면 고수!"

자신만의 귀요미들을 준비하자!

사장님과 같이 다니면서, 언제까지 일을 같이 할 수 있을 것이라고 생각하나요? 독립할 시점을 잡기 힘들겠지만, 준비를 해야 합니다. 독립할 시기가 갑자기 올 수도 있으니까요. 홀로서기가 기술만

2023년 부천 센트럴파크푸르지오 레진 세면대 설치

배운다고 가능한 것은 아닙니다. 당신 혼자서 누구의 도움도 받지 않고, 요청받은 일을 깔끔하게 마무리 지을 수 있으면 독립할 준비가 된 것입니다. 그러기 위해서는 필요한 공구와 장비를 준비해야 합니다. 하지만 공구를 한꺼번에 마련하는 것은 부담이 됩니다. 당신은 기술을 배우는 중이고, 일당도 제대로 받으면서 일하는 것도 아니기에 경제적으로 여유가 있지는 않잖아요. 그렇다고 독립을 원하는 당신이 사장님의 공구와 장비를 계속 사용할 수도 없습니다.

필수 공구부터 하나씩 구매합니다. 돈이 많이 들지 않는 수공구부터 준비하는 것이 좋아요. 기술 분야별로 필요한 공구는 다양하지만, 제가 주로 하는 욕실 리모델링, 욕실 세팅 공구 위주로 말씀드리겠습니다.

1. 커터칼

필수 공구입니다. 사장님께 기술을 배우기 시작할 때부터 커터칼은 항상 준비해서 다니세요. 항상 작업복 주머니에 있어야 합니다. 커터칼은 작업 시 자주 사용하는 공구입니다. 테이핑

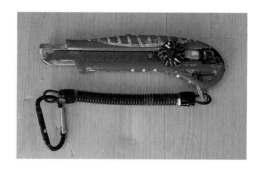

된 박스나, 묶인 줄을 자를 때 사용하고 실리콘을 제거할 때에도 필요합니다. 이외에도 다양한 곳에서 사용되죠. 저는 위 사진처럼 커터칼에 스프링 줄을 달아 작업복 주머니에 매달아 놓습니다. 이렇게 해야 필요할 때마다 찾는 불편함을 줄일 수 있습니다.

2. 망치

망치로 못을 박는 것뿐만 아니라 때리고, 뽑고, 깨고 다양하죠. 튼튼한 것으로 구매하세요.

저는 미니 망치를 자주 사용합니다. 짧아서 손에 잡기도 좋고, 무게도 가볍습니다. 큰 힘이 필요하지 않은 곳에 사용하기 좋습니다. 작아서 연장 상자의 공간도 많이 차지하지 않고 작업복 주머니에 넣고 작업하기 좋습니다. 다이소에서 저렴하게 샀어요.

3. 미니몽키스패너

제가 가장 많이 사용하는 공구입니다. 일반 몽키스패너보다 작아서 좁은 곳에서 사용하기도 좋고, 무겁지도 않아 좋습니다. 손잡이가 긴 몽키는 거의 사용하지 않습니다. 미니몽키가 좋습니다. 연장상자에도 잘 들어가지만 작아서 숨바꼭질을 잘하기 때문에, 잘 챙겨야 한답니다.

저는 다양한 사이즈로 4개의 몽키스패너를 사용하고 있습니다. 작업을 편하게 하려면 모두 필요합니다. 하지만, 처음 시작할 때는 기본 사이즈(녹색_6인치)만 구매해 가지고 다니면 됩니다. 나머지는 필요할 때 구매하세요.

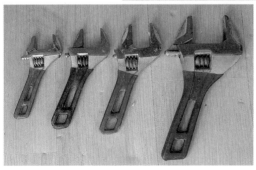

4. 드라이버

수공구 중 사용빈도가 가장 높습니다. 볼트를 조이고 풀 때 꼭 필요하죠. 다이소에 가면 가격도 저렴합니다. 일자와 십자 둘 다 사용할 수 있는 것으로 준비하세요. 하지만 이 드라이버는 망치로 때리면 안 됩니다. 손잡이 부분이 깨지고 망가집니다. 망치로 때릴 수 있는 드라이버는 따로 있어요.

5. 첼라

자주 쓰는 공구입니다. 부재료를 잡고, 돌리고, 조일 때 사용합니다. 검은색 테이프 감긴 부분은 그라인더로 잘랐습니다. 길이가 길어서 작업공간이 좁을 경우 사용하기 힘들거든요. 필요한 상황에

맞춰 공구를 가공할 줄도 알아야 합니다.

6. 줄자

최대 3m까지 잴 수 있는 것으로 준비하세요. 긴 줄자는 필요 없습니다. 가볍고 작은 것으로 준비하면 됩니다. 나중에 공구박스를 구매하면, 넣어야 할 것들이 많습니다. 되도록 크기가 작은 것들로 구매하

면 좋습니다. 현장에서 필요시 바로 사용할 수 있게 작업조끼에 넣습니다.

7. 실리콘 건과 헤라

작업 시 실리콘 쏠 일이 많습니다. 실리콘 건은 저렴한 제품을 사지 말고, 약간 가격이 높더라도 전문가용 GP건으로 준비하세요. 이 제품은 실리콘 압력을 조절해 주기 때문에, 남은 실리콘이 흘러 나오지 않습니다.

시간이 있을 때 실리콘 예쁘게 쏘는 연습을 해야 합니다. 유튜브를 보면 도움되는 영상과 깨알 팁이 많이 올라와 있습니다. 실리콘 헤라도 사용해 보세요. 비전문가도 헤라만 있으면 실리콘 작업을

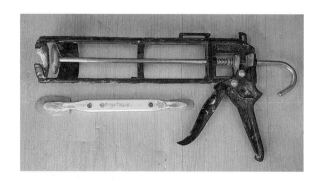

예쁘게 마감할 수 있습니다. 제품 설치를 잘해도 실리콘 마감이 예쁘지 않으면, 시공 퀄리티가 떨어져 보입니다.

8. 캡 라이트

모자에 끼우고 사용하는 라이트입니다. 저한테는 필수 공구죠. 실내 현장이 어두운 곳이 많고, 세밀하게 해야 하는 작업들도 있기 때문에 필요합니다. 가끔 전기 기술자가 전기 차단기 내리고 작업할 때, 내 작업을 하려면

이 충전 라이트가 필요합니다. USB C타입으로 충전도 빠르고, 가벼워 사용하기 좋습니다. 욕실에 조명이 설치되지 않았을 경우에는

이것으로도 부족하니 랜턴이나 유선 작업등이 있어야 합니다.

여기까지가 필수 공구 중 가격이 높지 않은 것들입니다. 부피도 작기 때문에, 소지하기도 좋아요

9. 전동 드릴 및 드라이버

필수 공구이긴 하지만, 가격이 좀 있습니다. 수공구를 먼저 구매하고, 전동공구는 필요시 구매하세요. 사용해야 할 공구가 사장님과 동시에 겹치는 일이 자주 있다면 그때는 구매해야 할 시기입니다.

전동공구 중 유선으로 된 것은 피하세요. 나중에 사용하지 않게됩니다. 충전 전동 공구는 첫 선택이 중요해요. 현장에 가 보면, 대부분 충전식 무선 공구를 사용합니다. 전기 콘센트에 끼워야 하는

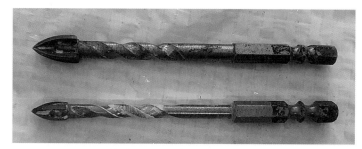

유리 타일 기리(10mm와 6mm)

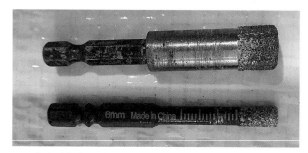

포세린 타일용 다이아몬드 코어 드릴비트(10mm와 6mm)

유선 공구는 (시멘트 믹서기나 파괴 해머 같은 큰 동력이 필요한 것을 제외하면) 사용하지 않습니다. 현장의 전기 차단기가 내려갔을 때에도 유선 공구를 사용할 수 없습니다. 그러므로 휴대성이 좋은 충전식 전동공구를 준비해야 합니다.

　충전전동공구를 구매할 때는 전문가용 18V로 구매하세요. 힘이 약하면 전문 작업을 할 수 없습니다. 공구 브랜드는 디월트, 밀워키, 보쉬, 계양, 아임삭, 마끼다, 스탠리 등 다양합니다. 충전 전동공구끼리 배터리와 충전기를 공유하기 때문에 한 브랜드로 통일하는 게 좋아요. 이 외에도 나중에 구매해야 할 충전 전동공구로는 그라인더, 로터리 드릴이 있습니다.

위 전동드릴은 드라이버부터 여러 드릴비트를 끼워 사용할 수 있는 만능 제품입니다. 기술자 사장님이 어떤 브랜드의 공구를 사용하는지 파악하고, 자신에 맞는 공구를 네이버 검색이나 유튜브를 활용해 찾아보세요.

10. 로터리 충전 전동 드릴

임팩드라이버보다 큰 힘이 필요할 때 사용하는 드릴입니다. 타공할 때, 다양한 SDS드릴 비트를 끼워 사용하고, 홀쏘를 아답터에 끼워 큰 구멍을 타공할 수도 있습니다.

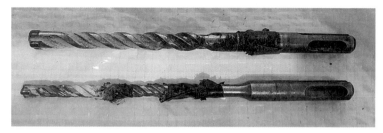

SDS드릴 비트(10mm와 6mm)

11. 충전 그라인더와 유선 그라인더

그라인더는 재료를 절단할 때 사용하는 공구입니다. 저는 유선 그라인더와 충전식 그라인더 두 가지를 가지고 다닙니다. 유선 그라인더는 힘이 좋고, 충전식 그라인더는 편리합니다. 그라인더 날은 종류가 다양해서 상황에 맞게 적절한 것을 사용하면 일의 능률

이 올라갑니다.

위 공구들 외에도 더 많은 공구들이 필요합니다. 당신의 현장 상황에 맞게 사용 빈도가 높은 것부터, 구매하여 사용하면 됩니다. 처음부터 한꺼번에 구입하기보다 하나씩 구매하세요. 고가의 제품이나 저품질의 제품을 구매하는 것보다는 가성비 있는 제품을 구매하는 것이 좋습니다. 구매하기 전에 기술자 사장님과 상의하면 후회할 가능성이 줄어듭니다.

일단 공고를 구매했다면 손에 익숙해지도록 자주 사용해 봅니다. 하지만 전동 공구는 항상 조심하고 안전하게 사용해야 합니다. 당신이 생각하는 것보다 위험한 물건입니다.

이너바스 이실장 명언-7

"비워야 넣을 수 있다!"

기술자로서의 독립,
꿈은 이루진다-상편

저는 사장에게 기술적으로 많은 것을 배웠고 느꼈습니다. 현장의 환경과 집주인이 원하는 것도 모두 달라요. 각각 다른 현장에서 배우고 경험한 것들이 많습니다. 처음에는 일에 대해 알아가고, 새로운 것을 배우느라 다른 생각을 못했지만 사장과 공사를 몇 번 하면서 '내가 이런 공사를 맡는다면 나 혼자 마무리까지 잘할 수 있을까?' 이런 질문을 나 자신에게 자주 던졌습니다. 또 '독립하려면 어떻게 해야 할까?' 하고 자주 고민했습니다.

저는 2018년 8월 중순부터 9월까지 타일 학원을 다녔고, 10월에 사장을 만나 기술을 배우기 시작했습니다. 욕실 리모델링 공사는 한 현장당 보통 2~3일이고 길어야 5일이었습니다. 첫 공사는 제가 할 수 있는 작업이 거의 없어서 정리랑 청소, 사장 심부름만 했습니다. 그 뒤엔 욕실 철거를 배웠고, 다음은 변기와 세면대 설치 방법

2020년 노원구 공릉동 건영아파트 욕실 세팅

등 도기 제품 설치하는 기술을 배웠습니다. 사장이 타일시공할 때는 타일 박스를 개봉해서 사장이 작업하기 편하도록 준비하고, 압착 시멘트를 믹서기로 반죽하고, 타일 작업이 끝나면 타일 메지(줄눈)를 넣었습니다. 이런 것들도 방법과 순서가 있어서 잘 배워야 합니다. 현장 청소와 정리는 제가 합니다. 그다음에는 사장이 원하는 사이즈로 타일 커터기나 그라인더로 타일을 커팅해 주는 타일 조공 역할을 했습니다.

현장 경험이 조금 더 쌓이자 타일 함빠(온장 그대로가 아닌 잘라 붙여야 하는 타일)를 붙여 볼 수 있었습니다. 돔천장 설치는 실수하면 안 되기 때문에 사장이 저에게 맡기지는 않아서 직접 해보지는 못했습니다. 일을 배울 때는 사장이 작업하는 것을 보면서 매번 '대단하다'하고 감탄이 나왔고 '나도 저렇게 할 수 있어야 할 텐데.'하며 부러워했습니다. 사장은 작업 속도도 빠르고 일을 잘합니다.

몇 달이 지나자 욕실 리모델링 공사를 어떻게 해야 하는지 느낌이 왔고 복잡하지 않은 공정은 저 혼자도 할 수 있게 되었습니다. 사장은 재료 구매, 집주인 상담 등 볼일 보러 가고, 저에게 욕실 철거 등 공정 하나를 통으로 맡기기도 했습니다. 처음으로 사장 없이 혼자 욕실 철거작업을 마쳤을 때, 누구의 도움 없이 혼자 해냈다는 것에 자신감도 얻을 수 있었습니다.

타일 작업할 분량이 많은 현장에는 사장이 타일시공 기술자를 부릅니다. 사장은 네이버 인기통 카 페(인테리어 기술자 통합모임)에서 검색하여 섭외했고, 박 팀장이라는 기술자를 처음 만났던 곳은 마포구 공덕동 현 장이었습니다. 타일 전문가 박 팀장 은 열정이 있고, 자기 일에 대한 자부 심이 강하며 일도 꼼꼼하게 잘해요. 현재는 제가 욕실 리모델링할 때 불 러 타일 시공을 맡기면 깔끔하게 작 업해 놓습니다. 타일에 대한 것들은

박 팀장의 데모도(보조)를 해 주면서 많이 배웠고, 가끔 박 팀장에게 도우미가 필요하면 제가 가서 도와주기도 했습니다. 그러면서 타일 시공에 관한 팁들을 많이 알게 되었죠. 궁금한 것들이 있으면 박 팀 장에게 전화해서 물어봤고, 고맙게도 제가 궁금한 것들을 귀찮아하 지 않고 잘 알려주었습니다.

사장에게 욕실 리모델링 기술을 배운 지 10개월이 지났습니다. 시간은 많이 흘렀지만 그동안 사장과 같이 공사를 한 것은 열 번도 되지 않았습니다. 그래도 많은 것들을 경험했고, 자신감을 얻기엔 충분한 시간이었습니다. 그때는 사장 눈치 보여서 현장 사진은 거 의 못 찍었고, 블로그도 안 할 때라 굳이 찍어야 한다는 생각도 하지

2019년 2월 종로구 가회동 주택 공사 현장

못했습니다.

그러면 사장과 작업하지 않는 날에는 뭐 했냐고요? 앞 글에서 말씀드렸듯이 인력사무소에 가서 일당 받으며 노가다 했고, 동네 한옥 공사하는 부동산 하는 친구 아버님을 따라다니면서 벽돌 나르고, 정화조 자리 땅 파고, 폐기물 처리하는 노가다를 했죠. 힘들었지만, 그때 체력을 많이 길렀습니다.

2019년 3월 종로구 사간동 한옥공사 현장

　삼청동에 제 친구가 카페를 오픈하려고 인테리어 공사할 때, 그 친구의 소개로 인테리어 사장님께 일당 받으며 보조도 했습니다. 벽면 고벽돌 작업, 벽과 천장 페인트, 간판 작업을 보조했습니다. 욕실 리모델링과는 또 다른 배울 점들이 많았습니다. 재료, 공구, 시공 팁들이 기술자마다 달라서 배울 수 있는 현장이 있다면, 무엇이든 배우려고 노력했습니다.

이너바스 이실장의 삼청동 까페공사 도우미 역할

고등학교 후배의 소개로 영등포구 대림동 아파트 공사현장 방수팀에 들어가 두 달 넘게 노가다 했습니다. 방수작업은 근력이 많이 필요한 일은 아니어서 방수팀에 어르신들이 많은가 봅니다. 60대, 70대 할아버지가 대부분이었습니다. 방수 작업하기 전 밑 작업하고(바닥 또는 벽에 튀어나온 돌기들을 망치나 정으로 매끄럽게 정리하는 것), 방수포 깔고, 방수제 칠하고, 우레탄 작업하는 단순 작업입니다.

점심시간에는 밥을 빨리 먹고, 휴게실에서 할아버지들과 잠깐 오침을 하는 것이 꿀맛이었습니다. 휴게실이라고 해봤자, 아파트 지하층의 콘크리트 거친 옹벽 구석에 난방되는 침상이 깔려 있어요. 이렇게 글을 쓸 줄 알았으면 사진도 좀 찍어 놓을 걸 하고 후회되네요. 침상이 좁아 누울 자리가 부족해 밥을 빨리 먹고 와서, 옆으로 누워 잠깐 눈을 붙입니다. 밥을 늦게 먹고 오면 자리가 없어요. 모습은 난민캠프를 생각하시면 될 것 같네요.

2019년 3월 대림동 아파트 방수팀으로 참여

기술자로서 홀로서기하려면?

첫째, 내 명함에 새길 상호명을 정하자.

내 상호명은 뭐라고 할까? 자기 전에 항상 이름을 어떻게 지을까 고민이었죠. 고민은 아니고 즐거운 상상이었습니다. '기술자로 독립할 미래를 상상하는 것'은 나를 기분 좋게 했습니다. 내 상호명은 자주 들을 이름인데 아무렇게나 지을 수는 없잖아요. 우선 부르기 쉽고, 어감이 부드러우면서, 좋은 의미를 내포한 이름이어야 했습니다. 계속 생각을 하다 보니 어느날 하나의 이름이 떠올랐습니다.

그 이름은 바로 '이너바스'입니다. 영어로 하면 In a Bath로 '욕실  안에서'라는 뜻이고, 인어공주의 욕실을 연상케 하는 이너바스입니다. 그래서 제 명함에 인어 그림이 있는 것이랍니다. '인어바스'보다는 소리 나는 대로 해야 부르기 쉬워집니다. '이너바스' 어감도 부드럽고, 부르기도 쉽고 기억하기도 쉽고, 좋은 의미도 있죠. 그래! 이거야~ 빙고! 이렇게 좋은 이름을 다른 사람이 사용하지는 않을까 하고 인터넷 검색을 해보니, 이 상호를 쓰는 업체나 기술자분은 없었습니다. 다행이었죠. 이제 상호명은 정했습니다.

둘째, 작업차를 마련하자.

독립을 하려면 작업용 차량이 있어야 합니다. 배낭 메고 대중교통으로 현장을 오갈 수는 없잖아요. 차를 가지고 있다면 활용하면 됩니다. 현재 사용할 수 있는 차가 있는데, 작업차를 또 구매하는 것은 비용 부담이 커지잖아요.

제게는 2015년에 새 차로 구매한 올 뉴 쏘렌토 차량이 있었습니다. 회사 다니고 있을 때 구매한 겁니다. 아들도 점점 크고 있고, 고물 중고차만 타다가 새 차를 타고 싶은 마음에 큰 마음 먹고 구매했습니다.

제가 일 배우기 전에는 이 차로 회사 출퇴근한 것도 아니고, 가족끼리 놀러 갈 때만 깨끗하게 타고 다녔습니다. 이 차를 많이 아끼지만 작업차를 한 대 더 구매할 생각은 처음부터 없었습니다. 차를 바꾸거나, 한 대 더 구매하자니 돈도 문제지만 주차할 곳이 없어요. 아깝지만 제 차를 사용하기로 결정할 수밖에 없었습니다.

어떻게 하면 차를 가족을 위해서도 사용하고, 작업용으로도 사용할 수 있을까 하고 고민하다가 생각해 낸 방법입니다. 차 뒷열 시트를 접고 그 위에 장판을 깔았습니다. 그리고 공구박스와 부재료

이너바스 이실장 작업용 차인 쏘랭이

이너바스 이실장 작업차의 트렁크 모습

를 넣고 작업하러 다니고 있습니다. 욕실 1칸 세팅할 양변기, 세면대, 각종 액세서리와 부자재를 구매하여 넣을 공간은 충분히 나온답니다. 욕실 공사 폐기물도 이 차로 실어 버리고 있습니다.

작업차에 폐기물 싣고 폐기물 처리장으로

폐기물을 넣으면 1톤 트럭만큼은 아니지만 꽤 많이 들어갑니다.

좋은 점은 차량 내 스피커가 좋아 음악을 신나게 들으며 다닐 수 있고, 트럭이 아니기 때문에 협소한 공간이나 층고가 낮은 곳에도 주차가 가능합니다. 1톤 트럭일 경우 아파트 지하주차장으로 들어갈 수 없는 경우도 있습니다.

트럭들은 기계식 주차가 안되지만, SUV 차량인 쏘렌토는 가능합니다. 여기에 주차한 후 작업하고 나왔습니다.

2023년 신촌 현장 기계식 주차

가족과 함께 외출하거나 여행을 가야할 경우에는 장판을 걷고, 공구랑 연장을 다른 곳으로 옮겨 놓으면 됩니다. 그런 후에 청소하면 됩니다. 먼지를 완전히 제거할 수는 없지만, 그런대로 깔끔해집니다.

작업용 차량을 구매해야 한다면 중고차로 뒷열 시트는 접을 수 있는 SUV 차량을 추천합니다. 아니 어떤 작업을 하느냐에 따라 다른 거죠. 그 기술분야의 장비와 연장, 부재료 모두 싣고 다닐 수 있는 차량이 필요합니다. 한번 구매한 차량은 다시 바꾸기 어려우니 잘 고민해 보고 결정하세요.

　저는 작업을 위한 차도 있지만, 바이크도 있습니다. 바이크가 있었기에 인력사무소 노가다 일도 편하게 나갈 수 있었고, 사장에게 기술을 배우러 현장을 가는 데에도 큰 도움이 되었습니다. 대중교통을 이용해야 하는 불편함이 있었다면, 이른 새벽 인력사무소에 가는 것도 어려웠을 것이라고 생각되네요. 제 바이크는 제가 기술을 배우고, 기술자가 되는 데 큰 역할을 해 주었습니다.

이너바스 이실장 바이크 엔맥스

저는 욕실 리모델링 상담 요청이 오면 서울 내에서는 바이크를 이용해서 가고 있습니다. 차보다 빠르게 갈 수 있고, 주차공간 걱정 안 해도 되고, 바람맞으면서 가면 기분도 좋아집니다.

바이크의 장점은 활동 반경을 넓혀줍니다. 걸어가기에는 멀고, 대중교통을 이용하기에는 번거로운 곳들이 많아요. 그런 곳들을 부담 없이 바이크를 이용하여 갈 수가 있습니다. 귀찮아서 갈 생각이 없었던 곳도 바이크를 타고 갑니다. 제가 부지런해질 수 있도록 만들어 주는 멋진 친구입니다.

셋째, 자신의 공구와 부자재를 보관할 곳을 마련하자.

자신의 작업차에는 항상 필요한 연장과 공구, 그리고 제품을 넣고 다녀야 합니다. 하지만 모든 공구와 연장을 차에 모두 넣고 다니면 차량 연비도 안 좋아질 뿐만 아니라, 공간도 많이 차지해서 제품과 필요한 장비를 모두 넣을 수 없습니다. 차 내부가 복잡해져서, 필요한 것들을 찾기 힘들어져요. 그래서 작업차와는 별도로 공구나 부재료를 보관할 곳이 필요합니다. 여유가 되면, 조그마한 창고나

이너바스 이실장 집 베란다

사무실을 얻으면 되는데, 절약하려면 어떻게든 만들어야죠.

저는 우리집 베란다를 활용했습니다. 창고를 임대하면 비용이 많이 지출됩니다. 우선 베란다를 이용하고, 수입이 좋아지면 창고나 사무실을 얻으면 됩니다. 위 사진처럼 선반이 들어갈 사이즈를 파악한 후 무볼트 앵글을 구매하면 쉽게 조립하여 물품들을 정리해 놓을 수 있습니다. 구매는 인터넷으로 하거나, 직접 앵글 가게 가서 맞추면 됩니다.

넷째, 필요한 모든 공구와 연장을 구매하자.

사장님과 작업을 같이 하면서 필수 공구들을 구매했다면 이제는 나머지 필요한 공구들을 모두 구매해야 할 때입니다. 사장님이 어떤 공구와 연장과 부재료를 가지고 다니는지 파악했을 것입니다. 그리고 요즘 새로 나온 공구들도 있어요. 공구 회사들이 더욱 편리하고 퀼리티를 높여주는 공구를 계속 연구 개발하고 있습니다. 인터넷 검색을 해서 사장님 것보다 업그레이드된 공구로 구매하는 것이 좋아요.

저는 공구나 생활용품, 식료품을 구매할 때 가성비를 많이 생각합니다. 그렇다고 저렴한 것만 구매하는 것은 아니에요. 가격이 높더라도 충분히 활용가치가 있고 품질이 좋으면 구매하고, 저렴하더라도 퀼리티가 떨어지거나 얼마 사용 못 할 것 같으면 구매하지 않아요.

다른 사람들에게 보여주기 위한 제품이 아니라 당신이 작업할 때 실제로 필요하고, 편하게 쓸 수 있고, 퀄리티를 올려줄 제품으로 구매하는 것을 추천합니다. 사람들이 많이 구매하는 제품은 다 이유가 있습니다.

어떻게든 고민하고 방법을 생각하면 자신의 상황에 맞는 공간과 환경을 만들 수 있습니다. 자신이 가진 것을 최대한 활용하고, 다른 기술자는 어떻게 준비하고 활용하는지 관심 있게 찾아보세요.

이너바스 이실장 명언-8

"성공은

나의 만족 99%,

타인의 부러움 1%로

이루어졌다."

기술자로서의 독립,
꿈은 이루진다-하편

사장 집과 가까운 곳에 있는 타일·도기 매장이 있습니다. 사장이 필요한 욕실제품도 구매하고 일도 의뢰받는 곳입니다. 저도 사장과 가끔 들르면서 궁금한 것을 물어보고 이야기도 하면서 타일도기 매장 사장님과 약간의 친밀감이 생겼습니다. 저도 이때쯤 양변기나 세면대 등 도기 교체는 혼자서도 할 수 있는 수준이었습니다.

한 번은 제가 사장과 같이 그 타일·도기 매장에 갔다가 나오면서, 제가 매장 사장님께 "제가 할만한 일 있으면 저한테도 일 좀 주세요!"라고 말하고 나왔습니다. 제 딴에는 일을 나에게 맡겨만 준다면 잘할 자신이 있었고 해보고 싶었습니다. 하지만 저의 사심 없는 "일 좀 주세요."라는 말이 그때는 잘못된 것인지 몰랐습니다. 나중에 사장이 저에게 직접 말해주기 전까지 몰랐어요. 열정이 가득한 나 자신만 생각했던 것이었죠. 나중에 사장이 저에게 기분 나쁘다며 "내 일 뺏으려고 그런 거냐? 생각 좀 하면서 말하고 다녀!"라고

2024년 부평 천청동 푸르지오 욕실 세팅

한 소리 하더라고요. 그때에서야 제가 개념이 없었다는 생각이 들었습니다. 그 일이 있은 뒤부터 저는 사장의 경쟁자가 되어버린 느낌이었습니다. 사장도 저를 경쟁자라고 느꼈을까요?

"내가 그렇게 말했다고 매장에서 나에게 일을 주겠냐?"

그때 생각했습니다. 일을 나에게 줄 수 있고, 제품도 저렴하게 구매할 곳을 찾아야 한다는 생각이 들었습니다. 주요 거래업체는 집과 가까우면 좋습니다. 자주 왔다 갔다 해야 하니까요. 우리 집에서 을지로는 가깝습니다. 바이크 타고 5분이면 갈 수 있어요. 을지로 방산 시장 대로변에 타일·도기 업체들이 많습니다. 무작정 방문해서 일을 달라고 해야 할까요? 아닙니다. 우선 나를 홍보할 최소한의 준비는 하고 가야죠. 명함이라도 만들어 가지고 가야 했습니다. 다행히 상호명은 내 마음속에 이미 결정되어 있었기 때문에 명함을 만들기만 하면 되었습니다.

다음 페이지의 사진은 제가 처음으로 직접 만든 명함입니다. 급하게 만든 명함 디자인이라 많이 조잡하죠? 제가 파워포인트로 만들고 그림파일로 변환한 후, 성원애드피아 사이트(http://www.swadpia.co.kr/)에 신청하였습니다. 제가 회사 다녔을 때 프레젠테이션, 입찰 제안서를 만들어봤고, 브리핑 자료도 만든 경험이 있어서 충분히 만들 수 있었습니다. 그리고 유튜브 [파워포인트로 명함 만들기]

이너바스 이실장 1호 명함

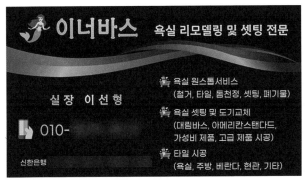

이너바스 이실장 현재 명함

동영상을 참고했습니다.

물론 명함 만드는 데 많은 비용이 들어가는 것은 아닙니다. 하지만, 자신이 할 수 있는 것이라면 자신이 직접 하는 것이 기술자로서의 마음가짐입니다. 그리고 자신이 직접 만들면 더욱 애착감이 느껴집니다.

저에게는 '형'이 있습니다. 피를 나눈 친형은 아니지만, 친형만큼 제가 따르고, 좋아하는 형입니다. 저와 네 살 차이이고, 우리 집과 가까운 곳에 살며, 여러 해 같이 운동^(배드민턴)하고, 술자리도 자주하며 친하게 지냈어요. 제가 회사 다니며 고민이 있을 때 잘 들어주고 조언도 잘해주며, 회사를 그만두고 쉴 때에도 술도, 밥도 사주고 위로를 많이 해준 형입니다. 제가 기술을 배우고 독립할 때도 많은 조언과 도움을 주었고, 형의 장모님댁 욕실 공사를 초보 기술자인 제게 맡겨주기도 했습니다.

첫 명함도 초안은 제가 만들었지만, 디자인 수정부터 명함신청, 수령까지 형님이 해 주셨어요. 너무 감사하죠. 명함이 완성되자, 집에서 가까운 을지로 타일·도기 매장에 형과 함께 방문했습니다. 그전에 형님이 홀로 을지로 도기 업체들을 사전에 돌아보셨더라고요. 형이 필요한 제품을 구하기 위해서 돌아봤겠지만, 제가 방문하면 좋을 곳들을 미리 눈여겨보아 놓은 거죠.

그렇게 을지로의 타일·도기 매장을 형과 같이 방문했고, 업체 사장님께 명함을 드리면서

"제발 일 좀 주세요. 잘할 자신 있어요!"

라고 했지만 시큰둥한 매장 사장님들의 반응! 전단지 알바 대하는 듯한 냉소적인 반응이었습니다. 그래도 실망하지는 않았습니다. 충

분히 예상했던 일이었으니까요. 하지만 딱 한 곳! 백송세라믹 사장님은 그렇지 않았습니다. 제가 명함을 드리면서 "제가 도기 설치 일을 시작한 지 솔직히 얼마 안 되었지만, 맡겨주시면 만족하실 수 있도록 해드릴 자신 있습니다!"라고 말씀드렸는데, 매장 사장님은 오히려 저에게 용기를 주셨습니다. "서로 윈윈 합시다!" 그리고 많은 조언을 해 주셨어요.

일주일에 한 번은 매장에 찾아갔습니다. "지나가는 길에 들렀습니다. 커피 한 잔 먹으러 왔어요!" 하면 백송세라믹 사장님은 "잘 왔어, 커피 먹어!"라고 하며 믹스커피를 타주셨어요. 그렇게 어느 정도 시간이 흐른 뒤 변기 설치, 세면대 등 제품 설치하는 일을 저에게 맡겨 주기 시작했습니다.

현장에 가서 열심히 작업만 같이 한다고 해서 사장님이 독립시켜주지 않습니다. 당신이 직접 기술자로 독립을 준비해야 합니다. 준비된 사람만이 독립을 쟁취할 수 있습니다.

하나, 명함을 만들자!

사장님께 기술을 배우면서 당신의 상호명도 결정했다면 이젠 실행해야 할 때입니다. 상호는 자신의 또 다른 이름입니다. 아무거나 생각나는 대로 짓는 것이 아니라 뭔가 의미를 주는 것이 좋습니다. 저처럼(이너바스) 부르기 쉽고, 어감이 좋고, 좋은 의미가 있으면서 다른 업체에서 사용하지 않는 이름을 고민해 보세요.

명함을 만들면 와이프, 부모님, 자녀에게 먼저 주세요. 당신이 무엇을 하고 다니는지, 앞으로 어떻게 기술자로 살아갈 수 있을지 가족들이 걱정하고 있을 것입니다. 기술자가 되기 위해 앞으로 나아가는 모습을 가족들에게 보여주면서 믿음을 쌓아가기 바랍니다.

둘, 거래처를 확보하자.

기술자 사장님이 거래하는 곳을 자신의 거래업체로 만들지 마세요. 그곳에서 제품 구매는 가능할 수 있어도, 일을 직접 받을 수는 없습니다. 거래업체에서도 기술자 사장에게 일을 맡기지, 일 배운 지 얼마 안 된 경험 없는 당신에게 일을 맡기지는 않을 겁니다.

집과 멀지 않은 곳에 있는 거래처가 될만한 곳을 방문하여, 명함을 드리고 이런저런 이야기를 나눠 보세요. 매장 사장님도 거래하는 기술자들이 있겠지만, 지금 거래하는 기술자를 마음에 안 들어 할 수도 있고 또 기술자가 더 필요할 수도 있습니다. 물론 큰 기대는 하지 말고, 자신을 알린다고 생각하며 명함을 주세요. 느낌이 좋은 거래처 사장님이라면 메모해 두었다가, 2~3주 단위로 방문해서 박카스나 캔커피라도 건네면서 인사하세요. 그렇다고 인사만 하는 것은 아니겠죠? 짧은 대화라도 나눠 보세요. 분명 좋은 일이 있을 겁니다. 매장 사장님과 이야기할 기회가 되면, 요즘 업계가 돌아가는 상황도 알 수 있습니다. 거래처가 될 만한 곳을 자주 방문하다 보면, 당신에게 일을 맡겨 주는 곳이 생길 것입니다. 처음부터 바로 일을 주지는 않습니다. 가끔 들러 이야기를 나눠보면 서로에게 조금씩 믿음이 생길 것입니다.

저는 주요 거래처인 타일·도기 매장 외에도 소모품이나 부자재, 공구를 구매할 곳도 함께 알아보았습니다. 인터넷 구매도 가능하지만 급하게 필요할 때도 있기 때문에 공구 및 소모품점, 건축자재 업체, 배관 가게, 볼트 가게, 조명 가게, 환풍기 매장, 전기자재 매장을 알아놓았습니다. 당신이 필요한 것들을 구매할 수 있는 매장을 찾아 놓아야 합니다. 저렴하면서 마음씨 좋은 분들이 운영하는 곳으로 알아놓으세요. 당신의 무형자산이 됩니다.

셋, 현장 사진을 많이 찍어 놓자.

사장님 현장이든 자신이 맡은 현장이든 번거롭더라도 사진을 많이 찍어 놓으세요. 당신이 어느 현장에서 어떻게 작업을 했고, 어떻게 마무리했는지 나중에 확인하고 참고할 수 있습니다. 작업 중간중간 사진을 찍어 놓으면 시공 과정을 사장님이나 집주인 그리고 다른 분들이 물어볼 경우 어떻게 작업했는지 설명해 줄 수 있습니다. 나중에 당신을 홍보할 블로그를 할 때도 필요하고, 거래처 매장 사장님께 보여드리면서 홍보할 수도 있어요. 설치하는 제품의 모델명과 사장님이 사용하는 공구 사진을 찍어 놓으면 나중에 기억하기 좋습니다. 사진은 혼자 있을 때 찍는 것이 좋습니다. 사장님이 자기 자신 외에 현장 사진 찍는 것을 싫어할 수도 있습니다.

넷, 네이버에 블로그를 만들자.

세계 모든 곳이 인터넷으로 연결된 세상에 여기에 홍보하지 않는다면, 일을 구하기가 너무 어렵습니다. 소비자들은 인터넷 검색하여 알아보고, 주문하고, 상담합니다. 소자본의 기술자들은 블로그나 인스타그램, 유튜브 등 SNS를 통해 자신이 직접 홍보해야 합니다. 무료라서 자신의 노력만으로 충분히 가능합니다. 인터넷 매체가 나의 매장(점포, 회사)이며, 수입창출의 기반이고, 기술 발전, 영업 관리할 수 있는 강력한 매체입니다.

인터넷이 보급되기 전 기술자들은 지인이나 고객들의 소개, 매장에서 소개받아 한정된 지역에서만 일을 진행하였습니다. 현재는 예전처럼 소개만 받는다면 일이 많지 않습니다. 시대가 바뀌었습니다. 지금은 나이 드신 고객들도 인터넷을 이용하여 상담 및 공사 요청을 합니다. 기술자로 독립하기 위해 인터넷 홍보는 반드시 해야 하는 일입니다. 지인과 매장만 바라본다면, 일을 맡겨주는 곳과의 종속관계를 벗어날 수 없고 시공비도 제값을 받을 수 없습니다.

인터넷에 홍보하는 방법은 우선 네이버 인기통 카페(인테리어 기술자 통합모임)에 홍보합니다. 인기통은 인테리어 기술자도 많고, 기술자를 필요로 하는 고객이나 인테리어 업자들이 많이 찾습니다. 저도 처음에는 여기에 홍보했습니다. 하지만 여기 한 곳에 홍보하는 것으로는 부족합니다. 자신만의 블로그를 만들어 홍보하는 것이 좋아요. 인기통 카페는 (나중에 느끼겠지만) 한계가 있습니다. 많은 기술자들이 글을 올리다 보니, 상당히 치열합니다. 블로그 만드는 방법은 어렵지 않아요. 지금은 저도 블로그에만 홍보하고 있고 그것으로 충분합니다.

어떻게 블로그를 만들어야 할지 모르겠다면 유튜브에 '네이버 블로그 만들기'로 검색하면 알려줍니다. 다른 기술자들의 블로그도 참고하세요. 제 블로그가 궁금하시면 네이버 블로그 검색창에 '이너바스'라고 검색하면 됩니다. 잘 만든 것은 아니지만 참고하세요.

블로그를 만들어 사진을 올려보세요. 저도 처음에는 사진만 올리다가, 작업하는 부분에 대해 조금씩 설명했는데, 읽은 분들의 반응이 좋은 것 같습니다. 많은 기술자들이 시공한 사진으로만 도배를 하는데, 그것보다는 현장의 작업내용, 느낀 점, 특이사항, 꿀팁 등을 누가 보더라도 알기 쉽게 올린다면 고객들에게 믿음을 줄 수 있습니다.

블로그 처음 시작하고 글이 몇 개 안 되었을 때에는 조회 수가 거의 없습니다. 하지만 실망하지 말고 꾸준히 올려보세요. 글이 쌓

이너바스 이실장의 네이버 블로그

이면 조회수도 늘어납니다. 가장 중요한 것은 꾸준함입니다. 당신의 블로그 글들 하나하나가 나중에 큰 도움이 됩니다. 블로그가 활성화되고, 조회수도 많아지면 그 블로그를 보고 작업 요청하는 분들이 많아집니다. 양변기 하나 교체부터 욕실 리모델링 상담까지,

그리고 인테리어 업체 사장님들이 블로그를 보고 시공 요청합니다.

집주인에게 친절하고, 꼼꼼하게 신경 써서 작업하면, 다른 집을 소개를 해 주기도 합니다. 인테리어 업체 사장님들과 관계를 꾸준히 유지하면서 작업을 완벽하게 해나가다 보면, 작업 수주 걱정은 없어집니다. 지금 저는 제 블로그만으로도 집주인들이 문의해 주고, 새로운 인테리어 업체에서도 요청을 합니다. 저는 기존 인테리어 업체와 을지로 도기 매장에서도 일을 맡겨 주셔서 일을 꾸준히 하고 있습니다.

이너바스 이실장 명언-9

"일이 있는 날은 돈 벌어서 좋고,
일이 없는 날은 놀 수 있어서 좋다."

최초 시공은 바로 우리집부터

욕실 리모델링 공사를 몇 번 경험한 후 나 혼자서도 할 수 있겠다는 자신감이 생겼고, 필요한 공구와 장비도 모두 구매했습니다. 그러면 이제는 혼자서 공사를 해 봐야겠죠. 어디서서부터 해야 할까요?

"우리집은 나의 기술을 시험해 볼 수 있는 최고의 현장이다!"

바로 우리집부터 시작합니다. 그때가 욕실 리모델링 기술을 배운 지 6개월 되었을 때였습니다. 우리집 욕실을 직접 리모델링 공사하면서 자신감도 얻고, 지인들에게 "나도 이만큼 할 수 있어!"라는 것을 알리고 싶었습니다. 와이프와 상의했어요 "공사하는 3일 동안 집에서의 생활이 힘들겠지만, 우리집 욕실을 예쁘게 바꿔줄게!" 와

2020년 수원 장안구 청솔마을 SK한화 아파트 욕실 세팅

이프가 못 미더워하는 눈치였지만, 한번 해보라고 용기를 주네요. 휴~ 다행입니다.

사장에게도 우리집 욕실 공사를 하겠다고 말했더니, 어려운 부분이 있으면 자신도 도와주겠다고 합니다. 와이프와 함께 타일도기 매장을 방문해 타일 디자인과 제품들을 결정했습니다. '내가 공사를 잘 마감할 수 있을까?' 공사하기 전날 부담이 많이 되었지만, '드디어 나 혼자 공사를 해보는구나!' 하는 기대와 설렘도 있었습니다.

"우리집 공사 나 혼자 하다가 망치면 어떡하지?"

주문한 제품들은 모두 도착했는지, 더 필요한 부자재는 없는지, 필요한 공구와 연장은 모두 준비되었는지 여러 번 확인했습니다. 우리 가족이 생활하는 집 욕실 리모델링 공사를 하는 것이라, 내가 공사하는 3일은 욕실을 사용할 수 없습니다. 가족들이 많이 불편하겠죠. 제가 시험해 보고 싶은 작업들이 있었지만, 공사기간을 더 늘리기는 어려웠습니다.

제품 쌓아 놓을 곳이 없어, 베란다에 잘 정리해서 쌓아 놓았습니다. 드디어 우리 집 욕실 리모델링 공사, 누구의 도움도 받지 않고 저 혼자서 시작합니다.

오래된 빌라 욕실이라 지저분합니다. 변기도 오래되어 보기 안 좋아요. 욕실 공사 기술을 배우는 입장에서, 엉망인 욕실을 그대로

우리집 욕실 리모델링 제품 및 재료

우리집 욕실 리모델링 공사 전

사용했다는 것이 조금은 부끄럽습니다. 사실 욕실 공사 기술을 배우면서 저 혼자 리모델링할 수 있을 때까지 기다렸고, 우리집 욕실을 시험 삼아 해보고 싶었습니다. 욕실 공사를 한 번도 해보지 못한 입문자에게는 누구도 자기 집 욕실을 맡기지 않습니다.

욕실 철거 중입니다. 벽에 있는 실리콘을 깔끔하게 벗겨야 덧방 타일이 예쁘게 시공됩니다. 먼지가 많기 때문에, 방진마스크를 꼭 써야 해요.

2019년 우리집 욕실 벽면 실리콘 제거 등 정리 중

욕실 제품 철거 마무리했어요.

우리집 욕실 철거 완료

　　타일 시공 중입니다. 기술 입문자이기 때문에 꾸사비(타일 스페이스)를 모두 꽂아 작업합니다. 기술자가 된 지금도 제 눈보다는 도구를 믿습니다. 공사 중이더라도 가족들 용변은 해결해야 했기에 양변기를 설치했다 철거했다 반복합니다.

우리집 욕실 벽타일 시공 중

바닥 타일 시공 중입니다. 바닥 타일 작업은 제가 해 본 적이 없었습니다. 바닥 타일작업은 중요합니다. 구배가 맞지 않으면, 물이 하수가 아닌 다른 방향으로 흐를 수 있어요. 한 장 한 장 수평을 보면서 바닥타일 작업했습니다. 처음 작업해 보는 것이지만 문제없이 마무리했습니다.

우리집 욕실 바닥타일 시공 중

돔천장 작업도 처음입니다. 우리집 욕실이 반듯한 직사각형이 아니라 꺾인 부분이 있어서 까다롭고 어려웠습니다. 줄자로 잘 재고, 계산을 잘해야 했어요. 천장재를 잘 자르고 욕실에 얹어 보니 딱 맞습니다. '처음 해보는 바닥타일작업과 돔천장도 잘하는구나. 난 기술 천재인것 같아!' 하고 우쭐했어요.

하지만 우쭐하면 사고가 납니다. 돔천장을 거꾸로 올렸습니다. 헉스! 돔천장 작업은 처음이라, 천장재 커팅을 반대로 뒤집어서 해

우리집 욕실 돔천장 시공 시행착오

버렸습니다. 돔천장 재료 주문해서 다시 작업했어요.

우리집 욕실이라 다행입니다. 시행착오를 겪으면서 배우고 느낀 점이 많아요. 기술입문자는 많은 경험이 필요합니다. 우리집 욕실을 내 손으로 직접 공사하면서 배우고 느낀 점이 많았습니다.

다른 기술자의 도움 전혀 받지 않고, 나 혼자만의 기술과 힘으로 해낸 것입니다. '기술을 배운 지 1년도 안 된 내가 기술자가 되었다.'는 생각에 마음이 뿌듯하고, 나 자신이 자랑스러웠어요. 와이프도 대견한 듯 저를 봅니다.

"우리 욕실이 생각했던 것보다 예뻐져서, 이제 다른 집 공사해도 될 정도로 잘하네. 우리 남편이 이렇게 기술에 소질이 있을 줄 몰

우리집 욕실 리모델링 공사 완료

랐어! 대단해!"

와이프의 칭찬으로 더 큰 자신감을 얻었습니다.

"이제는 나가서 돈 제대로 벌어와!"

그때는 제가 우리집 욕실 공사를 흠잡을 데 없이 잘했다고 생각했지만, 지금 구석구석 찾아보면 미흡한 부분이 몇 군데 보입니다. 실력이 늘면, 안 보이는 것도 보이게 된답니다. 보이는 것만큼 실력인 것이죠.

자기 집부터 혼자 공사해 보세요. 제품 구매, 양중, 철거, 타일 시공, 돔천장 시공, 도기 설치, 제품 설치, 정리, 청소, 폐기물 처리 등

모든 공정을 가능하면 누구의 도움도 받지 않고 혼자 해 보세요. 실수해도 괜찮습니다. 큰 경험이 됩니다. 당신 혼자서 공사를 마무리 지었다면 자신감이 많이 생겼을 것입니다. 당신이 모든 공정을 직접 하면서 느낀 점과 배울 점, 바꿔야 할 점, 해서는 안 될 것들을 알았을 것입니

다. 기술자 사장님 따라다니면서 느껴볼 수 없는 소중한 경험이 될 것입니다. 사장님이 지시한 것만 할 때와 내가 주도하여 할 때의 느낌과 부담과 행동이 다릅니다.

공사하면서 사진들을 많이 찍어 지인 분들께 보여주면서 자신을 홍보해 보세요. 그리고 블로그에 사진과 느낀 점들을 올려보세요. 시간이 지나면, 그 느낌을 잊을 수 있습니다. 공사 처음부터 끝까지 복기하면서 당신의 느낌을 구체적으로 상세하게 올려보도록 하세요. 나중에 많은 도움이 됩니다.

이너바스 이실장 명언-10

"내가 일을 할 수 있다는 것에 감사하자!"

욕실시공 깨알팁-2

욕실 변기 냄새 방지하려면?

　욕실에서 안 좋은 냄새가 난다면 원인은 하수구일 가능성이 높습니다. 하지만 변기에서 냄새가 올라올 수도 있어요. 제가 양변기 교체하러 가서 변기를 철거하면, 욕실 바닥 변기배관에서 압력에 의해 바람이 올라옵니다. 그러면서 냄새도 진하게 같이 올라옵니다. 양변기를 배관과 밀폐되도록 설치하지 않으면 미세하게 냄새가 스며 나올 수 있습니다.

　첫째, 변기 설치할 때 배관을 확실하게 막아줘야 합니다.
　변기와 배관이 결합되는 곳을 밀폐하지 않으면 냄새가 올라옵니다. 밀폐하기 위해서는?
　양변기 정심이나 편심 부속을 배관에 넣어보고, 변기가 정심과 함께 끼워질 때 뻑뻑하게 끼워지도록 전기테이프를 적당히 감습니다. 고무패킹이 있어도 배관이 헐거울 수 있습니다.

변기에 정심을 결합하고, 변기를 배관에 넣어 설치할 때, 뻑뻑해야해요. 가볍게 쑥 들어가면 밀폐가 안 됩니다. 굳이 이렇게까지 안 해도 물은 안 새지만, 이렇게

2023년 3월 부천 양변기 교체

하는 이유는 냄새를 잡아야 하기 때문입니다. 배관 압력이 큰 곳은 변기와 배관이 밀폐되지 않으면 욕실에서 냄새가 납니다.

둘째, 욕실 배관의 상황에 맞는 정심 부속을 사용해야 합니다.

이렇게 바닥에서 변기 배관이 많이 내려가 있는 곳이 있습니다. 그러면 깊은 특수정심을 사용해야 합니다.

다음 페이지의 사진처럼 일반정심과 특수정

2023년 3월 역삼동 양변기 교체

심 깊이 차이가 큽니다. 깊은 특수 정심을 사용해야만 욕실 바닥보다 내려가 있는 배관에 변기 정심을 넣어 밀폐시킬 수 있습니다.

일반정심과 깊은 곳에 사용하는 특수정심

이런 깊은 배관에 일반 정심을 사용하면 안 됩니다. 변기 물 내릴 때 수압에 의해 물이 주변으로 흘러나와 젖어있게 되는데, 좋지 않습니다. 아주 극히 드문 경우이긴 하지만 아래층으로 물이 샐 수도 있어요. 변기 기

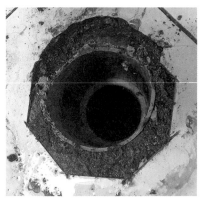

2023년 3월 서초동 양변기 교체

술자는 특수정심을 준비해서 상황에 맞게 사용해야 합니다.

Part 3

기술자로서 홀로서기

이젠 독립이다! 인디펜던스 데이!

사장과 같이 일하러 다닌 지 9개월 정도 되었습니다. 우리 집 욕실 리모델링 공사도 다른 기술자의 도움도 받지 않고 제품 구매부터 철거, 시공, 폐기물 처리까지 문제없이 마무리했습니다. 자신감

2022년 마포구 동교동 상가 욕실 바닥 타일 시공 중

이 충만해 있었을 때였어요. 사장이 지금 하고 있는 욕실 리모델링 사업을 접고, 베트남으로 개인 사업을 하러 간다고 합니다. 말도 통하지 않는 외국에서 사업할 생각을 하다니 사장도 대단합니다. 이제는 제가 홀로서기할 때가 온 것입니다. 더 배워야 하고, 더 실력을 늘려야 하고, 더 경험해야 하는데, 사장이 떠난다고 하니 '이제 모든 것을 나 혼자 해야 하는 건가?', '내가 혼자 할 수 있을까?' 하는 부담감이 커졌습니다.

한편으로는 홀로서기의 좋은 기회가 왔다고 생각되었습니다. 자연스럽게 기술자로 독립할 기회가 온 것이죠. 언제까지 일당 아닌 일당을 받으면서 따라다닐 수만은 없으니까요. 브라보!

이제 와서 말하는 것이지만, 사장에게 서운함이 있었습니다. 내가 할 수 있는 작업이 늘어나고, 내가 있음으로 해서 사장의 일이 수월해지더라도 내가 받는 일당에는 변화가 없었습니다. 사장이 베트남으로 떠나기 전 마지막 일당도 5만 원 받았습니다. 그때는 일용직 노가다를 하더라도 최소한 하루 13만 원은 받는 시기였습니다. 곰방(시멘트, 벽돌, 합판, 철근 등의 건축자재를 인력으로 운반하는 일)같은 힘든 일은 하루 15만~18만 원을 받기도 했었습니다. 지금은 더 많이 받겠죠.

점차 내 기술이 늘어 준기술자 정도는 된다고 생각했습니다. 도우미 한몫 이상의 일을 하고 있는데, 일당 5만 원이라니! 섭섭한 마음이 들었습니다. 이제 사장이 베트남으로 간다고 하니 사장과의

'바이바이'가 시원한 마음도 들었던 것이 사실입니다. 혼자 헤쳐나가야 한다는 부담감도 있었지만, 언젠가는 독립을 해야 할 테니까요. 그리고 '이너바스'를 잘 홍보한다면 내가 할 일은 꾸준히 있을 것이라는 막연한 기대감도 있었습니다.

"잘 가라~ 사장! 떠나 줘서 고맙다!"

우리 집 욕실 리모델링을 성공(?)한 후 지인들에게 기회가 있을 때마다 홍보했습니다. 그러던 중 제 친구(현재 모임 친구이며 초, 중, 고교 동창)가 자신의 장모님 댁 욕실을 고쳐드리고 싶다고 하여 욕실 리모델링을 하게 되었습니다. 우리집 욕실 리모델링한 경험밖에 없는 나를 믿어주고, 자신의 처갓집 욕실을 맡겨준 그 친구가 지금도 너무 고맙습니다.

제가 친구 장모님께 인사드리고, 현장을 본 후 견적서를 작성했습니다. 저에게 기회를 준 친구가 고마워 제 공임비는 일반 기술자들이 받는 금액보다 저렴하게 넣었습니다.

용산의 친구 장모님 댁이라 부담감이 컸습니다. 우리 집처럼 실수를 해서도 안 되고, 공사가 지연되어서도 안 되고, 끝까지 잘 마무리해야 합니다. 공사 전날 잠자리에서도 장비와 연장, 부재료 등은 꼼꼼하게 잘 챙겼는지, 빠진 것은 없는지, 생각 못한 것은 없는지 생각하느라 잠을 푹 잘 수 없었습니다.

　친구 장모님이 생활하는 집에서 욕실 리모델링 공사를 해야 합니다. 우리 집과는 다르게 내 마음대로 작업을 밤늦게까지 할 수가 없습니다. 친구 장모님이 집에 오셔서 쉬셔야 하기 때문에 저녁 5시가 되면 정리를 해야 했어요. 타일 시공은 소음도 심하고 작은 먼지가 많이 납니다. 생활하는 집이라 보양을 잘하고 공사에 들어갔습니다. 입주 전 비어있는 현장보다 시간도 더 걸리고, 뭘 하든 조심해야 했어요.

2019년 용산 친구 장모님 댁 아파트 시공 전 사진

갤럭시노트9 파노라마 모드로 찍어서 각도가 이상하네요. 벽타일은 만족스럽게 작업이 되었어요.

벽타일 시공 후 모습

벽타일 작업이 끝나고, 천장을 올려야 합니다. 그런데 천장 배관이 너무 낮아요. 그렇다고 천장을 낮게 할 수도 없었습니다. 욕실 문보다는 천장이 높아야 하니까요. 이 상태에서는 돔천장을 시공할 수 없습니다. 멘붕이 왔죠!

벽타일과 천장 배관이 맞닿은 모습

돔천장 시공 중

'어떻게 해야 할까?' 고민하고 방법을 생각해 냈습니다. 그것이 기술자의 자격요건 중 하나입니다. 위 사진처럼 배관이 맞닿는 천장재 격자 부분을 잘라내고 겨우 얹을 수 있었습니다.

돔천장 시공 후

"포기하지 말고, 할 수 있는 방법을 생각하면 해결방법
을 찾을 수 있다."

다행입니다. 다운라이트와 환풍기도 잘 설치되었고, 천장이 깔
끔하게 얹어졌습니다.

다음은 욕조설치입니다. 욕조는 제가 그때까지 직접 설치해 본
적은 없습니다. 사장이 욕조작업 할 때 한 번 봤을 뿐입니다. 공사
전에 유튜브에서 '욕조시공' 검색해서 참고했습니다. 할 수 있을 것
이라는 자신감이 가득했었지만, 처음이라 쉽지 않았습니다. 욕실
간격에 맞게 옆면을 잘라야 하는데, 이 욕조는 아크릴 욕조입니다.
욕조 재질이 강해 잘 안 잘라집니다. 다시 한 번 난관이 찾아왔습니
다. 사장이 SMC 욕조*(저렴한 PVC 욕조)* 설치하는 것을 봤을 때, 그라인

아크릴 욕조

더로 욕조가 쉽게 잘렸습니다. 하지만 아크릴 욕조는 자르기 어렵습니다. 그라인더로 자르느라 힘들었어요. 그리고 욕조 무게가 상당해서 저 혼자 비좁은 욕실의 욕조 자리에 얹기 힘들었지만 수평 잘 맞추고 설치 마감했습니다. 한 고비를 또 잘 넘겼습니다.

욕실 리모델링 후의 모습

이것 말고도 어려운 점은 몇 가지 더 있었지만, 고민하고 방법을 찾으며 무사히 마무리할 수 있었습니다.

우리 집 욕실 공사할 때와는 또 다른 많은 것들을 배우고, 느끼고, 경험했습니다. 난관을 극복한 공사를 잘 마무리해서 그런지 이제는 진정한 기술자가 되었다는 만족감과 함께 나에게 무엇이든 맡겨만 주면 다 잘할 수 있다는 자신감이 생겼습니다. 도우미 일당 5만 원짜리가 아닌 기술자로서, 욕실 리모델링 기술자로서 독립했다는 것이 뿌듯했습니다. 군대를 갓 전역한 말년 병장의 느낌이라고 할까요? 사회에 나가면 뭐든지 다 할 수 있다는 그런 느낌?

친구 장모님과 와이프도 바뀐 욕실을 보고 마음에 든다고 칭찬해 주었습니다. 기술 입문자인 나에게 공사할 기회를 준 친구에게 고마움을 느낍니다.

저는 사장이 베트남으로 떠나는 바람에 부득이하게 독립을 했지만, 대부분은 그렇지 않을 것입니다. 아이가 커서 성인이 되면, 부모와 떨어져 독립하듯이 자신이 때가 되었다고 생각되면 홀로서기 해야 합니다. 사장에게 오래 종속되어 있으면 회사 다니는 것과 크게 다를 것이 없습니다.

독립 선언은 이렇게 하자.

첫째, 사장님께 기술자로 독립하고 싶다고 말해야 한다.
당신이 홀로서기를 해야겠다고 생각된다면 "현장 작업도 하면
서 자신의 일도 하겠다."라고 사장님께 말해 보세요. 사장님을 따라
다니면서 도우미만 할 수는 없습니다. 말하기 어렵겠지만 기술자로
독립하기 위해 한 번은 거쳐야 할 과정입니다. 사장님도 마음 한편
에서는 '당신이 언젠가는 독립할 것'이라고 생각하고 있을 수도 있
고, 불경기라면 월급 주는 것도 부담스러웠는데 차라리 잘 됐다고
생각할 수도 있습니다.

사장님 눈에는 당신이 아직 기술적으로 부족하고 어설퍼 보일
것입니다. 자신이 최고라는 자부심을 가진 기술자 사장님 눈에는
작업자가 그렇게 보여요. 많이 부족해 보일 것입니다. 하지만 당신
의 생각이 더 중요합니다. 독립할 때가 되었다고 생각된다면, 독립
할 때가 된 거예요. 사장님과 소주 한 잔 하면서, 분위기 좋을 때 솔
직하게 말해보길 권합니다.

둘째, 자신이 독립한다고 해서 사장님과 관계를 끊는 것
은 아니다.
독립한다고 해서 아직 기술자가 된 것은 아닙니다. 아직은 경험
해야 할 것들이 많습니다. 현장마다, 제품마다, 상황에 따라 써야 할

공구와 부재료, 시공방법도 다르게 해야 할 경우도 많습니다. 자신의 부족한 경험을 채우려면, 자신의 현장이 아닌 사장님 현장에서 사장님의 조언대로 경험해 보는 것이 더 좋습니다. 당신의 현장은 모두 당신이 책임지고 마감해야 하지만, 사장님 현장은 사장님이 책임을 집니다. 당신이 실수를 하거나, 시공을 잘못했을 경우 사장님의 생각과 기술로 커버가 가능하고 그 기술과 팁도 사장님께 배워야 합니다.

당신이 독립을 한다고 해도 사장님과 동업이나 협업의 형태로 가는 것이 가장 좋습니다. 사장님은 당신이 필요할 때 불러서 같이 작업하고, 당신도 어려운 현장을 맡게 되면 사장님을 모셔서 같이 하는 것이 좋습니다. 주의할 점이 있다면 당신의 현장은 당신이 책임자이고, 모든 책임은 당신에게 있다는 겁니다. 작업 방법을 결정하고 지시하는 것은 책임지는 사람이 하는 일입니다. 당신의 현장이라면 사장님의 도우미 역할만 하면 안 되겠죠? 사장님의 조언을 받는 것은 좋지만, 작업은 당신이 주도해야 합니다.

사장님과 당신은 경쟁자가 아니라 끌어주고, 밀어주는 서로 도움을 줄 수 있는 관계가 가장 이상적입니다.

셋째, 사장님께 기술자 일당을 받아야 한다.

당신은 이제 도우미가 아닙니다. 독립한 어엿한 기술자입니다. 프로의식을 가져야 해요. 그리고 사장님께 기술자 일당을 받아야 합니다. 사장님은 아직도 당신을 부족한 기술자로 보겠지만, 최소한 다른 기술자 일당의 80%는 받아야 합니다. 사장님께도 당당하게 말씀드려야 해요. 기술자 일당을 받았다면 당신이 작업한 것은 당신이 책임져야 합니다. 물론 하자보수나 AS도 당연히 당신이 조치해야 합니다.

넷째, 사장님이 여전히 당신을 도우미로 생각한다면, 관계를 끝낼 때가 된 것이다.

세상사가 자신의 뜻대로 모두 이루어지는 것은 아닙니다. 사장님이 여전히 당신을 기술자로 인정하지 않고 도우미로만 생각하며 기술자 일당을 주지 않는다면 굳이 관계를 계속 이어나갈 필요는 없습니다. 스쳐 지나가는 인연입니다. 당신이 사장님께 기술을 배우고, 사장님의 배려로 기술자가 된 것은 부정할 수 없는 사실이지만, 사장님도 당신이 열심히 일해 준 덕분에 사장님 자신의 몸과 마음이 편해 질 수 있었고, 또 어느 정도의 이익을 더 남길 수 있었습니다.

당신이 기술자로서 한 몫을 다하고 있는데, 사장님이 당신을 기 술자로 대우해 주지 않고 도우미로만 생각한다면, 당신을 이용하는 악덕 사장님일 뿐입니다. 당신이 독립할 수 없도록 가스 라이팅할 거예요. "너는 그래서 안 돼!"

"이것도 제대로 못하는데, 독립? 웃기고 있네!"

당신의 자신감만 떨어뜨릴 뿐 사장님은 이제 도움이 되지 않습 니다. 당신을 이용하기만 하는 사장님이라면, 굳이 관계를 계속 이 어나갈 필요는 없어요. 당신에게 더욱 안 좋은 영향을 끼칠 뿐입니 다. 사장님도 당신의 빈자리를 느낄 때가 온 것입니다.

당신이 기술자가 될 수 있었던 것은 기술자 사장님을 만나 기 술 노하우를 배웠고, 사장님의 현장에서 많은 경험했던 것은 부정 할 수 없는 사실입니다. 하지만 당신의 열정과 노력이 없었다면 기 술자가 될 수 있었을까요? 당신도 기술자가 되기 위해 단단히 결심 했고, 가족의 호응을 얻어냈고, 기술자가 될 수 있는 방법을 찾아봤 습니다. 거친 현장에서 노가다를 뛰었고, 예민한 사장님의 기분을 맞춰줬고, 그리고 기술에 대해 공부하고 연구하면서 당신의 열정과 노력이 자신을 기술자로 만든 것입니다. 당신이 지금까지 했던 일들을 과소평가하지 마세요. 그렇게까지 할 수 있는 사람, 생각보다 많지 않습니다. 자신감을 가지세요.

좋은 사람과 나쁜 사람

"다른 사람의 몸과 마음을 편하고
따뜻하게 해주는 사람은 좋은 사람이고,

다른 사람의 몸과 마음을 불편하게 하고,
아프게 하고, 상처 주는 사람은 나쁜 사람이다.

다른 사람을 불편하지 않게 하는 사람은
나쁘지는 않은 사람이며,

다른 사람을 편하지는 않게 하는 사람은
좋지는 않은 사람이다."

기술자가 알아야 할 매너와 팁

앞의 글 '기술자로서의 독립-하편'에서 제가 말했던 을지로 타일·위생도기 매장인 백송세라믹 사장님이 양변기나 세면대 등 도기 교체 설치하는 일을 저에게 맡기기 시작했습니다. 타일·도기 매

2022년 대치동 단독주택 욕실 세팅

장에 소비자가 직접 방문하여 욕실제품을 구매하면서 설치까지 요청하는 경우도 많습니다.

　백송세라믹 사장님이 저에게 처음으로 일을 맡긴 곳이 경기도 구리시 수택동이었습니다. 세면대와 양변기 교체 요청입니다. 깔끔하게 잘해야겠다는 마음을 가지고, 매장에서 양변기를 싣고 알려주신 주소로 찾아갔습니다. 제품과 공구를 챙겨 방문했더니, 집주인이 기다리고 있었습니다.

　밝은 표정으로 인사하면서 명함을 드렸습니다. 깨끗한 A급 마대자루를 욕실 앞에 깔고 연장 박스를 놓았습니다. 제가 준비한 작업 신발을 신고 욕실에 들어갑니다. 물론 욕실에 슬리퍼가 있지만, 집주인의 물건을 사용하는 것은 피해야 합니다. 작업자가 변기와 세면대 작업을 하면서 집주인 가족들이 맨발로 사용하는 슬리퍼를 신

구리시 수택동 아파트 욕실 세면대, 양변기 교체 전

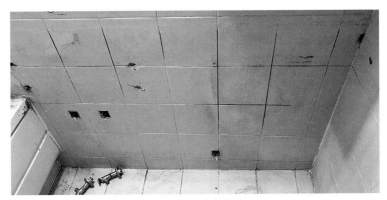

세면대, 양변기 철거

는 것은 집주인 입장에서는 마음이 불편할 수도 있으니까요.

양변기와 세면대를 철거하면, 제품이 있던 자리는 곰팡이와 묵은 때로 오염되어 있어요. 이런 것도 제가 가지고 간 철수세미로 닦아줍니다. 일단 제품을 설치하면 보이지 않는 곳까지 깨끗하게 닦아내기 어렵습니다. 대부분 새 제품으로 가려지기는 하지만, 깔끔하게 닦아내지 않으면 그것을 보는 집주인의 마음도 불편해지겠죠? 그리고 백송세라믹 사장님이 주신 첫 요청이라 깔끔하게 마무리해야겠다는 마음을 가지고 왔으니 신경 써서 작업했습니다.

양변기와 세면대 교체 작업하는데, 반나절 걸렸습니다. 작업을 마치면 항상 확인을 해야 해요. 제품은 견고하게 설치되었는지, 물은 잘 나오고 잘 내려가는지, 누수는 없는지 확인합니다.

작업을 마치고, 벽타일에 뚫린 구멍들은 바이오실리콘으로 메워줍니다. 구멍이 있으면, 보기 흉하고 물이 들어가면 빼기도 힘들어

세면대, 양변기 교체 후

요. 욕실 바닥은 변기 메지를 넣어서 시공당일 물청소를 하면 안 되기 때문에 걸레나, 스펀지로 욕실 바닥을 닦아 줍니다. 시공 마친 후 깔끔하게 현장을 마감해야 집주인이 좋아합니다. 폐도기와 폐기물은 철거한 후 차에 실어 놓습니다. 폐도기는 철거하는 대로 밖으로 옮겨야지, 생활하는 공간에 놓으면 집주인이 불쾌해할 수 있어요. 휴대폰으로 마무리된 사진을 찍고 집주인에게 사용방법과 주의사항을 차분하게 알려드렸습니다.

공구와 연장을 챙겨 현장을 나오면서, 집주인분께 "제가 세면대와 양변기 잘 시공하고 갔다."라고, 제품 구매한 곳에 전화 해 달라고 부탁드렸습니다. 백송세라믹 사장님의 첫 요청이라 신뢰를 받아야 했기에, 집주인에게 부탁했습니다. 내가 직접 "나 일 잘해요!"라고 백 번 말하는 것보다, 고객이 "기술자가 일 깔끔하게 잘하네요!" 라고 한 번 말해 주는 것이 효과가 큽니다. 나중에 백송세라믹 사장님께 들으니, 그 집주인이 "깔끔하게 일 잘한다."라고 제 칭찬 많이 해주셨다고 합니다. 지금은 백송세라믹 사장님과의 신뢰관계가 쌓여 굳이 집주인에게 그런 부탁을 하지 않습니다.

몇 가지 요약해서 말씀드리면

첫째, 집주인 분을 만나면 인사를 잘해야 한다.

집주인의 요청으로 방문했을 때, 명함 드리며 웃으며 인사하세요. 집주인은 웃으며 인사하는 기술자의 모습에 마음이 놓입니다. 만약 무뚝뚝한 표정으로 대하면 집주인 마음이 불편해져요.

둘째, 제품이나 공구를 놓을 때, 조심조심!

현장에서는 항상 조심해야 합니다. 바닥이 긁히지 않도록 박스나 보양재를 깔고 연장박스를 놓거나 그 위에서 작업을 해야 합니다. 저는 새 마대자루를 바닥에 깔아 사용합니다. 한 번도 사용하지 않은 A급을 가져가요. 그 위에 연장 박스나 공구를 올려놓습니다. 그래야 바닥에 먼지가 묻지 않고 바닥이 긁히거나 파손되지 않습니다. A급 마대자루를 사용하면 작업 마무리하면서 폐기물이나 쓰레기를 담아 올 수 있어서 좋습니다.

셋째, 집주인의 물건은 사용하지 않는다.

세면대나 양변기를 교체할 경우 집주인 슬리퍼를 신고 작업하는 기술자도 있는데, 집주인들은 불편해합니다. 편한 작업신발을 하나 더 챙겨가서 작업할 때 신어요. 그리고 욕실에 있는 빗자루나, 쓰레받기를 사용할 수도 있는데 집주인 물건은 가능하면 사용하지 말고, 직접 챙겨가서 사용하는 것이 좋습니다.

이너바스 이실장 실내 작업화

넷째, 작업과정을 사진으로 찍어 놓자.

작업하는 중간 중간 사진을 찍어 놓습니다. 나중에 필요할 수 있어요. 나중에 설치한 제품에 긁힘이나 파손으로 집주인이 교체를 요구할 수 있는데, 책임소재를 파악하는 데 도움이 됩니다. 그리고 블로그에 홍보할 때도 시공 과정을 올리면 더 믿음을 줄 수 있습니다.

다섯째, 시공 마무리 후 점검은 필수!

작업하면서 한 공정이 끝날 때마다, 제품이 제대로 설치되었는지 확인해야 합니다. 제품은 잘 작동하는지, 물은 잘 나오는지, 물은 잘 내려가는지, 누수는 없는지 확인합니다. 현장을 나오기 전에 작업한 것들을 한 번 더 최종 확인하고, 마감은 깔끔하게 되었는지 확인합니다. 시공만큼 중요한 것이 확인입니다. 확인을 잘해야 나중에 AS 하러 다시 올 일도 없어지고, 집주인에게 믿음을 줄 수 있습니다. 더 중요한 것은 기술자에게 자기 확신이 생깁니다.

여섯째, 집주인의 질문에는 알고 있는 것만 답한다.

작업하다 보면, 집주인이 궁금한 것을 물어봅니다. 친절하게 알려주세요. 만약 모르는 것이 있다면, 솔직하게 모른다고 말하세요. 기술자의 체면과 자존심 때문에 모르는 것을 아는 척해서는 안 됩니다. 잘못된 정보 때문에 나중에 집주인이 당신을 원망할 수도 있습니다. 집주인의 질문에 잘 모르는 것이 있었다면 귀가 후 반드시 알아놓아야 합니다. 그러면서 기술자의 식견과 기술을 늘려가는 것입니다. 요즘엔 소비자들도 많은 정보를 알아보기 때문에 기술자 못지않은 안목을 가진 분들도 많습니다.

일곱째, 작업이 마무리되면, 집주인에게 사용방법과 주의사항을 알려줘야 한다.

작업을 마무리한 후 집주인에게 사용방법과 주의사항을 알려드려야 합니다. 제품이 작동은 잘되는지, 문제가 있는 곳은 없는지 집주인에게 직접 보여드리면 더 좋습니다. 그렇게 해야 집주인에게 믿음을 줄 수 있습니다.

작업하면서 상황에 따라 시간이 더 걸리고 손이 더 갈 수도 있습니다. 그런 것들이 있다면 지나가는 말로 센스 있게 말하세요. 말을 안 하면 당신이 안 보이는 부분까지 꼼꼼하게 신경 써서 작업했다는 것을 집주인은 모릅니다.

여덟째, 집주인 분이 해피콜을 해주도록 부탁하세요.

집주인이 직접 요청한 것이 아닌 다른 분(지인소개, 거래처 매장, 인테리어 업체 등)의 소개로 시공하러 갔다면, 작업 끝나고 현장 벗어나기 전에 집주인에게 부탁해 보세요. 시공 맡기신 분께 "시공 잘하고 갔다." 라고 전화나 문자 한번 해달라고 하세요. 사소한 것이지만, 집주인의 전화나 문자 하나로 소개해준 분과의 신뢰와 믿음이 더욱 단단해질 수 있습니다.

아홉째, 작업을 마무리한 후, 집에 다른 불편한 곳은 없는지(전공이 아닌 분야라도) 물어봅니다.

작업이 다 끝나고, 현장을 벗어나기 전에 기술자의 손길이 필요한 곳은 없는지 물어보세요. 집주인이 직접 하기는 어렵고, 기술자가 할 수 있는 간단한 문제들이 있을 수 있습니다. 저는 욕실제품 교체하러 방문했다가 조명 교체, 베란다 빨래걸이 수리 등을 해주고 온 적이 있습니다. 시간이 많이 걸리는 요청은 수고비 조금 더 받을 수도 있고, 단순한 것이면 집주인의 감사한 마음만 받으세요.

사소한(기술자 입장에서) 것들이지만 집주인은 어떻게 고쳐야 할지, 누구에게 도움을 받아야 할지 모를 경우도 많아요. 집주인은 고민되는 문제가 해결되어 마음이 시원해지고, 집주인의 고민을 해결해준 당신은 경험도 쌓이고, 기술자로서 마음이 뿌듯해집니다.

이너바스 이실장 명언-12

"아는 것을 모른 척하면 또 다른 거짓말을 하게 되고,

모르는 것을 아는 척하면 사고가 터진다."

시공비는 월세 받듯 챙겨야

저는 집주인의 의뢰로 욕실리모델링 상담하고 욕실 전체공사도 하지만, 인테리어 업체가 요청하여 욕실 제품 설치하는 일도 하고 있습니다. 이번 챕터에서는 인테리어 업체나 집주인에게 시공비(공사를 하는데 드는 비용) 받는 것, 특히 기술 입문자들이 억울한 일을 당하지 않는 방법에 대해 말하려고 합니다.

기술자가 작업을 마무리하면 그에 대한 대가로 시공비를 받습니다. 시공비를 구성하는 것에는 작업내용, 작업시간, 직업분량, 작업난이도, 장비손망실비, 소모품비 등이 들어 있습니다. 잡부(용역 도우미) 일당과는 다릅니다. 기술자는 장비와 고급기술을 사용하니까요. 잘 모르는 분들은 기술자 시공비와 잡부 일당을 비교하는 분들도 많아요. 그러면 안 되겠죠? 시공비에는 기술자의 노하우와 장비 사용료도 포함되어 있는 것입니다.

2023년 10월 홍제동 주택 욕실 세팅

이것을 이야기하려고 하는 건 아니고, 시공비를 늦게 주거나 안 주는 인테리어 업체가 있습니다. 대부분의 인테리어 업체는 시공 마치면 바로 입금해 주지만, 몇몇 인테리어 업체는 시공비를 늦게 주거나 안 주려고 하는 경우도 있습니다.

작업 마무리 후 시공비를 받아야 일이 끝납니다. 어떤 인테리어 업체에서는 기술자가 필요할 때는 업체가 원하는 날짜에 작업해 달라고 부탁하고, 막상 작업이 끝나면 남 일처럼 신경 안 씁니다. 인테리어 업체에 여러 번 전화해서 시공비를 요구해야 겨우 그제서야 입금해 주는 경우도 있습니다. 휴대폰으로 1분이면 계좌이체가 가능한 시대입니다. 이런 인테리어 업체 사장은 '기술자는 필요할 때만 불러 쓰고, 작업이 끝나면 중요하게 생각하지 않아도 된다.'는 생각을 무의식 속에 가지고 있습니다. 기술자로 입문하신 분들은 하나의 거래처가 아쉽겠지만, 이런 업체와는 거래하지 마세요.

"시공비 주세요! 제발!"

저도 시공비 받는 것 때문에 힘들게 하는 인테리어 업체와는 일찍 관계를 정리했어요. 바이바이! 작업에 대한 당연한 대가를 받는 것인데, 아쉬운 말까지 해가며 빚쟁이처럼 돈 달라고 보채야 할까요? 인간관계에서 필요할 때만 부탁하고, 들어주면 잊어버리는 사람과는 관계를 맺지 않는 것이 좋습니다.

작업 마치면 인테리어 업체 중 대부분은 시공비를 당일 또는 다음날에 바로 입금해 줍니다. 기술자는 시공비를 받아야 일이 끝난다는 것을 잘 알고 있는 업체입니다. 기술자에 대한 배려를 느낄 수 있습니다.

시공비 안 주려는 악독한 인테리어업체도 있습니다. 이런 업

모바일로 입금가능한 편리한 세상

체는 조심해야 합니다. 제가 기술자로 독립한 후 얼마 안 되었을 때 겪었던 일입니다.

인테리어 업체 사장이 제 블로그를 보고 인천 서구에 있는 아파트 욕실 제품 설치를 요청했습니다. 시공하는 날 현장에 도착했지만, 아무도 없네요. 사장에게 전화를 했더니, 자신은 사정이 있어 현장에 못 온다고 합니다. 작업 마무리 되면 전화하라고 하여, 작업을 진행했습니다. 그래서 작업을 마무리한 후, 현장 사진과 함께 제 계좌번호를 보내고 전화했습니다. 사장이 바로 시공비를 입금해 준다고 했지만, 며칠을 기다려도 입금이 안 되어 있습니다. 사장에게 전화했더니 곧 입금될 거라고만 합니다. 다시 며칠을 기다려도 입금이 안 되어 사장에게 다시 전화를 했습니다. 업체 사장이 하는 말이

"곧 다른 공사가 잡혀 있는데, 또 불러줄게!"라고 합니다. 시공비도 안 주는 업체와 계속해서 일을 해야 할까요?

한 달이 지났습니다. 시공비 안 주면 민원 넣겠다고 사장에게 문자 보냈고, 입금이 안 되어 노동부 사이트 임금체불란에 민원을 신청했습니다. 이틀 뒤 노동청에서 전화가 왔고 몇 가지 확인을 합니다. 노동청 전화를 끊은 지 10분 만에 인테리어 업체 사장으로부터 시공비가 입금되었습니다.

제가 시공비 못 받고 그냥 넘어가면, 다른 기술자(특히 기술 입문자들)도 악덕 업체에 억울한 일을 당할 수 있기 때문에 노동청에 민원을 신청했습니다.

이런 일을 방지하려면

첫째, 인테리어 업체 명함을 받고 작업해야

인테리어 업체와 첫 통화를 할 때, 전화한 업체 담당자 명함을 휴대폰으로 보내달라고 당당하게 말해야 합니다. 명함 없다고 하면, 사업자등록증이라도 보내 달라고 하세요. 어떤 업체에서 시공을 맡기는지, 시공비는 누가 주는지 알고 작업해야 합니다. 저는 인테리어 업체에서 처음으로 전화가 걸려왔을 때 시공비를 협의하고, 현장 주소와 함께 명함사진을 보내달라고 합니다. 가끔 명함 안 보내주고 연락 안 되는 곳도 있습니다. 의심스러운 곳이죠. 시공비 입금이 안될 경우 노동청에 민원을 넣어야 하는데, 인테리어 업체 상호명과 대표 성함, 연락처 등을 알면 불미스러운 일이 생겼을 때 노동청에 민원 신청하는 데 도움이 됩니다.

둘째, 인테리어 업체와의 첫 통화는 녹음해야

통화내용을 녹음하는 것도 좋은 방법입니다. 특히 기술 입문자들은 간혹 임금체불을 당할 수 있으니 주의하세요. 통화녹음 시 현장 지역과 시공비, 시공비 입금 시기 등이 녹음되어 있어야겠죠. 노동부에 임금체불 민원 넣을 때 녹음파일을 첨부파일로 넣을 수 있습니다. 인테리어 업체에서 거짓말할 경우 증거자료가 됩니다.

셋째, 현장 사진을 많이 찍어놓아야

휴대폰으로 현장 사진을 많이 찍어놓아야 합니다. 시공 전 사진과 시공 완료 후 사진도 찍어야 하지만, 작업 중간에 사진을 찍어 놓아야 합니다. 현장에 문제가 생기거나, 제품들이 손상되어 책임소재를 가려야 할 경우 찍어 놓은 사진들은 나를 구해줄 소중한 자료가 될 수 있습니다.

넷째, 기술자 인터넷 카페에 임금체불업자 검색

첫 시공을 요청받았을 때, 보내온 명함의 연락처가 임금체불업체로 등록되어 있는지 확인합니다. 생각하는 것보다 악질 업자들이 많아요. 네이버 기술자 카페에 임금체불 악덕업자의 연락처가 공개되어 있습니다.

다섯째, 시공비를 못 받았을 경우

인테리어 업체에서 시공비를 안 줄 경우 또 다른 기술자들이 피해를 보지 않도록 노동부 사이트에 임금체불로 신고해야 합니다. 임금체불로 신고한다고 해서 못 받은 시공비를 다 받을 수 있는 것은 아니지만, 국가기관의 힘을 빌릴 수 있습니다. 사업자가 임금체불 경력이 있으면 조달청⁽ᵁⁿ라장터⁾ 공사 입찰하는 데에도 문제가 될 수 있습니다. 혼자 고민하고 힘들어하지 마세요. 그리고 다른 기술자를 위해서라도 인터넷 기술자 카페에 임금체불 악덕업자를 공개해 주세요.

이너바스 이실장 명언-13

"기술자의 일은 시공한 대가를 모두 받아야 끝난다."

꾸준한 블로그 관리가 살길이다

블로그를 잘 운영한다는 것은 글을 잘 써야 한다는 것이 아닙니다. 자신이 말하고 싶은 것들을 솔직하게 쓰면 됩니다. 말이 좀 꼬여도 돼요. 어설퍼 보여도 괜찮습니다. 부담을 가질 필요가 없어요. 저

2023년 부천 중동 보람마을 동남아파트 욕실 세팅

는 블로그에 제 손가락이 움직이는 대로 쓰고 있습니다. 작가로 성공하는 것이 목표가 아니라, 기술자로 당당하게 일하는 것이 목표입니다. 글을 잘 쓰는 사람은 기술자가 되어야 할 것이 아니라 기자나 작가가 되어야 할 사람입니다.

블로그를 시작한다고 해서 바로 공사 상담문의가 들어오지는 않습니다. 실망할 수도 있어요. 자신이 작업한 현장과 느낀 점을 꾸준히 올리면, 글의 개수도 늘어나고 노출 빈도가 증가합니다. 조회 수가 늘어나면 집주인으로부터 상담 문의도 들어오기 시작합니다.

블로그에는 제가 작업한 내용으로 글을 올리고 있고, 브런치스토리에는 제가 생각하고 쓰고 싶은 것들을 올리고 있습니다. 브런치스토리에 꾸준히 글을 올리다 보면, 언젠가는 이너바스 이실장도 책을 낼 수 있는 날이 올 것이라고 믿고 있습니다. 지금은 솔직히 막연한 느낌이지만, 언젠가는 그날이 오겠죠? "꿈은 이루어진다!"

"나도 작가가 될 수 있지 않을까? 기술자와 작가의 컬래버레이션! GOOD!"

이렇게 생각했는데, 저의 꿈이 이루어졌습니다. 이렇게 내가 쓴 글이 책으로 출판되다니 너무나 감동적입니다. 여러분들도 꿈을 가지고 도전하면 이룰 수 있습니다.

제가 블로그를 처음 시작하고 글이 몇 개 안 되었을 때는 문의가 없었습니다. '이 블로그를 계속해야 하나?' 하고 낙담도 했었어요. 하지만 블로그에 '이너바스'를 홍보하여 공사 요청만을 받기 위해 글을 올린 것은 아니었습니다. 일에 대한 느낌과 시공과정을 올려 놓으면 분명히 나중에 도움이 되리라 생각했어요. 그래서 나 자신을 위해 일기 쓰듯 올렸습니다.

제가 기술자로 독립한 후에는 제 블로그 관리뿐만 아니라 네이버 기술자 카페에도 글을 올려 꾸준히 홍보했습니다. 2019년 더운 여름입니다. 사장이 베트남으로 사업하러 떠난 지 1개월 지났을 때였습니다. 네이버 기술자 카페를 통해 욕실 리모델링 상담 문의 전화가 왔고, 집주인에게 방문하기로 약속했어요. 현장은 남양주 퇴계원! 백송세라믹 사장님이 챙겨주신 제품 카탈로그와 줄자, 다이어리를 챙겨 현장으로 향했습니다. 현장을 방문하기 위해 차를 몰고 가는 동안 부담감과 함께, 공사에 대한 기대와 설렘이 있었습니다.

인터넷 홍보를 통한 내 공사의 첫 사례입니다. 그동안 욕실 리모델링 공사는 우리집, 친구 집과 친구 장모님 댁까지 세 번 공사했었습니다. 지인을 통하지 않은 문의와 상담, 그리고 첫 공사는 이곳이 처음입니다.

집주인과 친절하게 통화하고 약속을 잡아 방문했습니다. 낡은

2019년 경기도 퇴계원 현장

집을 고쳐서, 신혼집을 마련한다고 합니다. 욕실이 지저분하고 냄새도 많이 나서 저에게 욕실 공사 상담을 요청한 것이었어요.

　방문하여 욕실 상태를 확인했습니다. 욕실을 고치지 않고 사용하기는 어렵습니다.

시공 전 욕실 사진

주방타일 시공 전 주방 사진

주방도 산만합니다. 물 사용하는 곳은 타일로 마감되어야 하는데 벽지로 마감되어 있었어요. 페인트나 도배로 마감한 곳은 물 쓰고, 요리하면 얼룩이 생기는데 지우기 어렵습니다.

집주인과 상담을 마치고 집에 돌아와 견적서를 보냈습니다. 집주인이 곧 결혼하는데, 경제적으로 어렵다고 하네요. 최대한 가성비 있는 제품으로 하고, 비용도 최대한 저렴하게 해달라고 합니다(많이 깎아달라고 합니다). 나 스스로 찾은 고객의 첫 공사를 개시하고 싶었어요. 보낸 견적서보다 금액을 낮춰 협의하고 공사를 하기로 했습니다. 물론 공사는 저 혼자 직접 합니다.

공사 첫날 제품들과 자재, 공구, 장비를 집 안으로 옮겨야 합니다. 계단도 있고, 길바닥도 고르지 않아 핸드카를 사용할 수 없어서 제가 다 들어 옮겼어요. 타일 한 박스의 무게가 20kg! 타일만 20박

욕실 리모델링 제품들과 재료들

스! 땀이 온몸에서 뚝뚝뚝, 비 오듯* 떨어집니다. 2019년은 다른 해보다 두 배로 더운 여름이었어요.

이 현장이 편한 점도 있습니다. 입주 전이라 사용할 수 있는 공간이 넓고 보양할 필요도 없었습니다. 지금까지 했던 공사만 하더라도 생활하는 집 공사만 해봤으니까요. 신발을 벗을 필요도 없고, 공간이 넓어 제품과 공구들도 작업하기 편한 곳에 놓을 수 있었습니다. 아파트가 아니어서 소음 민원 걱정 안 해도 되고, 작업을 늦게까지 할 수 있었어요. 현장에 먼지가 많이 나도 신경 안 써도 됩니다. 욕실 공사가 끝난 후 도배와 장판을 교체한다고 하여 마음 편하게 작업할 수 있었습니다.

저 혼자 작업하기 때문에 눈치 봐야 하거나 배려할 사람도 없어 홀가분했습니다. 잠시 쉬고 싶을 때 쉬고, 물 마시고 싶을 때 물 마실 수 있었어요. 안타까웠던 점은 제가 독립한 지 얼마 안 되어 작업

선풍기를 갖출 생각도 못했다는 것이었습니다. 경험을 해 봐야 어떤 것들이 필요한지 알 수 있어요. 욕실 철거와 제품 나르기가 끝나고 오후에는 주방타일을 시공했습니다.

사이즈 작은 쪽타일입니다. 타일 한 장 무게가 가벼워 작업하기 편하지만 시간은 더 걸립니다. 주방타일은 유광 쪽타일(100×300)이고, 메지는 진회색입니다. 이렇게 공사 1일 차가 지나갔어요.

주방타일 시공 후 사진

이제 욕실 벽타일 작업 중입니다. 레이저레벨기를 켜고 타일수
평을 맞춥니다. 타일스페이스를 모두 꽂아 메지 간격을 동일하게
했어요. 타일에 단차가 조금이라도 나면 떼어서 다시 붙였고, 함빠
*(온장이 아닌 잘라 붙이는 타일)*도 1mm 이상 틀리면 다시 커팅해 붙였습니
다. 시간 제한이 없어서 가능한 일이었죠. 작업할 때에는 너무 집중

욕실 벽타일 작업 중

한 나머지 피로감이 느껴지지 않았지만 집에 오면 피곤하여 잠자리에 눕자마자 뻗었습니다.

　돔천장도 설치했습니다. 몇 달 전 우리집 욕실의 꺾인 천장도 작업했고, 친구 장모님 댁에서 천장이 낮아 돔천장을 어렵게 작업했던 경험 때문에 이렇게 천장이 높은 사각형 욕실 돔천장 작업은 어렵지 않았습니다. 어려운 것을 경험하면 기본이 쉽다는 것을 느끼게 됩니다.

욕실 시공 후 사진

욕실 시공 후 사진

    욕실에 세면대 하수 배관이 없습니다. 샤워기만 있던 자리라 그렇습니다. 세면대 배수는 세탁기 유가를 써서 물을 내려 보냅니다.

    공사가 끝났습니다. 혼자 공사하다 보니, 체력적으로 많이 힘들었어요. 지저분했던 욕실과 주방이 내가 봐도 깔끔하게 바뀌었습니다. 공사가 마감된 것을 본 집주인이 "욕실이 너무 예뻐서 다른 집에 온 줄 알았어요!"라며, 공사가 생각했던 것보다 너무 잘 되었다고, 정말 마음에 든다고 칭찬해주었습니다. 저렴한 비용에 욕실과 주방이 이렇게 바뀌면 가성비 최고가 맞습니다.

사장이 없어도 나 혼자 할 수 있다는 자신감과 함께 이제야 완전히 기술자로 독립했다는 것을 체감할 수 있었습니다. 그리고 저를 '사장님'이라고 부르는 호칭이 이제부터 어색하지 않습니다.

다시 한번 말하지만, 인터넷 블로그를 꼭 운영해야 합니다. 지인을 통해서, 소개를 통해서 지역에서만 주로 일하는 기술자도 많은데, 그러면 일이 많지 않습니다. 일이 없으면 공사를 하더라도 제대로 된 공사비나 시공비를 받기 힘들어지고, 항상 '을'의 입장에서 고객들을 상대해야 합니다. 받을 것은 당당하게 요구하면서, 자신감 있게 일할 수 있는 상황이 만들어지지 않아요. 집주인과 기술자가 동등한 입장에서 견적 금액이 결정되어야 합니다. 기술자도 고객을 거절할 권리가 있어야 해요.

고객들의 마음 씀씀이가 좋지 않거나, 공사를 할 만한 상황이 아니라면(비용은 적게 들이면서, 집주인의 기대치와 퀄리티는 높은) 거절도 해야 합니다. 기술자가 하기 싫은 일을 거절할 수 없다면 일도 점점 재미 없어지고, 결국 기술자의 길을 포기할 수도 있습니다. 그래서 자신을 홍보할 수 있는 기술자의 블로그 운영은 중요합니다.

기술자의 홍보 포인트

하나, 네이버에 블로그를 만들고, 글을 올리고 관리해야 한다.

블로그를 만들고, 당신이 시공했던 사진과 느낀 점을 올리면서 홍보해야 합니다. 블로그 글에는 해시태그도 등록해서, 검색이 잘 될 수 있도록 해야 해요. 당신이 가진 기술과 당신이 시공할 수 있는 지역들을 해시태그로 등록하면 검색이 더 잘 됩니다. 자세한 것은 유튜브에 '블로그 만들기', '블로그 관리'로 검색해 보세요.

둘, 블로그를 하면 계속 레벨업하는 멋진 기술자가 될 수 있다.

블로그를 하면 깔끔하게, 아름답게, 완벽하게 하려고 당신도 모르게 노력하게 됩니다. 사진이 예쁘게 나와야 하니 마무리까지 깔끔하게 하려고 노력합니다. 정리도 깔끔하게 합니다. 더 중요한 것은 블로그에 글을 쓰려면 작업했던 순서와 방법을 머릿속에서 재생하게 되는데, 이것은 바둑기사들이 시합을 하고 복기하는 것과 같습니다. 그 상황에서 더 좋은 방법, 내가 구매해야 할 공구와 소모품이 생각납니다. 이런 상황이 반복되면 당신의 기술과 준비성이 레벨업됩니다.

셋, 다른 기술자 블로그를 참고한다.

'모방은 창조의 어머니'라는 말이 있습니다. 사장님이 작업하는 것을 보면서 기술을 배우듯, 블로그를 잘하는 분들 글을 보면서 따라 해보세요. 글뿐만 아니라 블로그 구성, 블로그 디자인도 따라 하면 더 멋진 블로그를 만들 수 있습니다. 좋은 점이 있으면 배우고, 자신이 생각하기에 '이건 좀 아니다.' 싶은 것들은 안 하면 됩니다. 기술자는 배우는 습관이 항상 몸에 배어 있어야 합니다.

넷, 가장 중요한 것은 꾸준함이다.

어떤 일이든 벼락치기하듯 한꺼번에 하는 것보다 꾸준히 하는 습관이 중요합니다. 기술자의 일이 대부분 몸으로 하는 일이라, 집에 오면 많이 지치고 피곤하겠지만, 그래도 해야 합니다. 낮에는 일하고, 밤에는 블로그에 글 올려야죠. 자기 자신을 알리고, 내가 작업

한 것들을 알리고, 내가 가진 기술을 알린다는 것도 기술자가 자신감을 충분히 가질 수 있게 합니다. 당신이 쓴 블로그 글을 봐주는 분이 있고 댓글을 달아주는 좋은 분들이 있습니다. 블로그에 글을 올려야 할 동기와 힘이 생깁니다. 그런 무공해 에너지를 충분히 받을 수 있도록 꾸준하게 블로그에 글을 올려야 합니다.

다섯, 블로그는 나의 히스토리이다.

기술을 배우면서, 그리고 기술자로 공사를 하면서 일기 쓰듯 블로그에 사진과 글을 올려 보세요. 내 기술의 역사가 됩니다. 그동안 내 기술이 어떻게 발전했는지 확인할 수 있고, 기술자로서 자부심을 느낄 수 있습니다. 먼 훗날에 그때를 회상하며 추억하는 데 도움이 됩니다.

이너바스 이실장 명언-14

"100% 완벽한 공사는 없다.

하지만 고객을 만족시키는 것이

기술자의 최소한이다."

시공 전 현장확인은 집주인과 함께

2019년 가을이었습니다. 저도 독립하여, 블로그를 통해 문의와 요청이 오고, 을지로 타일·도기 매장 백송세라믹 사장님도 저를 신뢰하셔서 꾸준하게 일을 소개해 주셨습니다. "이젠 혼자서도 잘해

2021년 마포구 신수동 밤섬 예가클래식 욕실 고급 세팅

요!" 하며 일하러 다녔고, 고급 제품과 새로 나온 제품도 설치하면서
경험을 쌓아 가고 있었습니다.

그때 베트남에 사업하러 갔던 사장이 3개월 만에 돌아왔습니다.
베트남에서 사업을 시작하려고 했으나 상황이 좋지 않아 포기하고
귀국했다고 합니다. 욕실 리모델링 공사를 다시 시작한다고 하는
데, 나에게는 잘된 일일까요? 아닐까요?

강북구 삼양동 현장에 공사하기로 한 후, 나를 부릅니다. 주방타
일 작업하라고 합니다. 제 차에 타일 장비를 싣고 타일작업하러 갔
습니다. 저는 주방타일 작업하고, 사장은 욕실타일 작업합니다. 주
방타일은 어렵지 않게 점심때쯤 마무리할 수 있었어요.

점심을 먹고, 사장은 아직 욕실 타일작업이 마무리되지 않아, 제
가 보조해 주었습니다. 다행히 해지기 전에 작업을 마무리할 수 있

2019년 이너바스 이실장의 주방타일 시공

었습니다. 사장이 작업한 타일 마감한 상태를 확인해 보니, 제 마음에 들지 않네요. 기존 욕실 벽상태가 안 좋았던 건지, 그동안 일을 안 해서 시공 퀄리티가 떨어진 것인지, 아니면 저의 기술적 눈높이가 높아진 건지, 셋 중 하나겠죠? 아니면 셋 다인가?

공사가 마무리되고, 사장이 저에게 일당을 주는데 꼴랑 8만 원 주네요. "그전처럼 5만 원보다 더 챙겨줘서 고맙다."라고 해야 하는 건가요? 저도 모르게 헛웃음이 나옵니다. 제가 가지고 있는 장비 가져가서 하루 종일 작업했는데, 적어도 용역 도우미 하루 일당 13만 원은 줄 것으로 생각했습니다 (준기공은 최소 20만 원은 받아요). 그것은 저만의 착각이었죠. 사장은 아직도 저를 도우미로만 생각하고 있었던 것입니다. '사장은 나를 아직도 기술자로 인정하지 않는구나!' 낮은 일당보다 사장에게 인정받지 못한 것이 더 서운했습니다.

"지금 장난해? 요즘 내가 다른 데서 하루 얼마 받고 일하는데?"

그때 바로 사장에게 불만을 말하지는 않았습니다. 하지만 다음 현장이 잡혀 사장이 저를 부르면, 기술자 일당을 확답받고 일하러 가야겠다고 생각했습니다. 제가 기술자가 될 수 있도록 기회를 준 것은 고마웠지만, 잡부 일당도 안 되는 수고비를 받으며 사장과 일을 계속 하고 싶지는 않았습니다. "나도 이제 기술자야!"

그 일이 있은 후, 며칠 뒤 다음 현장이 잡혔다고 수원으로 오라고 합니다.

사장　수원에 일 잡혔다. 준비해!

이실장　뭐하는 건데?

사장　아는 사람 교회인데, 화장실 타일 작업할 거야.

이실장　언젠데?

사장　XX일부터 3일

이실장　그래? 내가 그날 다른 일이 잡혀 있는데, 다른 날로 미룰 수 있는지 물어보고 전화 다시 줄게. 그런데 이번에 수원 가면 일당 얼마 줄거냐?

사장　얼마 받고 싶은데?

이실장　다른 기술자 받는 만큼.

사장　그냥 니 일 해! (뚝!)

사장은 왜 화가 났을까요? 저에게 기술을 가르쳐 줬으니, 앞으로도 쭈~욱 저렴하게 부려먹어야 하는데, 그게 안 돼서 짜증이 났을까요? 아니면 제가 5만 원짜리 기술자 보조 실력밖에 안 되는데, 다른 기술자만큼 시공비를 달라고 하니, 어이없고 화가 났을까요?

저는 사장과 협업하면서 사장이 맡긴 일도 제값 받고 일하고, 제가 맡은 혼자 하기 어려운 일은 사장을 불러 같이 하기를 바랐지만,

저 혼자만의 생각이었습니다. 사장은 아직도 저를 도우미로만 생각하고 있었고, 저도 사장을 제 현장으로 불러 일을 맡기기에는 부담스럽다고 느꼈습니다. 일당 주는 사장과 기술을 배우는 작업자의 관계가 한번 정해지면, 그 위치가 다시 바뀌기는 어려운 것 같습니다. 이렇게 사장과 진짜로 '바이바이' 하게 되었습니다. 그 일이 있은 후 제가 사장에게 다시 연락은 안 했지만, 사장 소식은 타일 박 팀장을 통해 가끔 들을 수 있었습니다.

사장에게 나쁜 감정은 없습니다. 저를 데리고 다니며 기술을 알려주고, 경험할 수 있게 해 준 사장에게 저는 고마운 마음을 가지고 있어요. 저는 성격상 도우미를 데리고 다니며 일을 맡기지 못합니다. 물론 도우미가 있으면 제 몸도 편해지고 작업도 어느 정도 수월

2021년 마포구 신수동 밤섬 예가클래식에서
욕실 세팅하면서 본 그림 같은 한강 전경

해집니다. 제가 도우미를 부르지 않고 혼자 작업하는 이유는 도우미들이 자기 일처럼 깔끔하게 해 주면 좋을 텐데, 그렇지 못한 느낌이 있어요*(사장도 나에게 그런 느낌이었을까요?)*. 제가 많이 힘들고 시간이 걸리더라도 혼자 작업하는 것이 마음 편합니다.

사장이 수원 현장에 작업하러 오라고 한 날, 저는 욕실 공사하려는 집주인과 상담 약속이 잡혀 있었습니다. 집주인에게 양해를 구하고 상담 날짜를 바꿀 수도 있었지만, 앞으로 사장과 같이 일을 계속할 수는 없을 것 같다는 생각에 사장에 대한 생각을 접기로 했습니다. 그리고 집주인과 욕실 공사 상담을 하러 갔습니다.

공사 상담 시 주의할 점과 준비할 것들

첫째, 집주인과의 상담은 작업할 현장에서

집주인과 상담은 공사할 현장에서 하는 것이 좋습니다. 현장이 어떤 상태인지 당신이 직접 확인해야 합니다. 당신이 할 수 있는 레벨의 일인지, 집주인이 원하는 것은 무엇인지, 현장에 맞는 제품은 어떤 것인지, 어떤 부재료가 필요한지, 시공상 난해한 점은 없는지, 현장을 보며 상담해야 합니다.

둘째, 빠듯한 일정의 공사는 피해야 한다.

공사를 서둘러 준비하고, 작업을 급하게 서두르면 실수하거나 퀄리티가 떨어질 수 있습니다. 다칠 수도 있어요. 공사기간 안에 작업이 마무리되지 않을 수도 있습니다. 공사를 하면서 생각하지 못했던 변수는 자주 발생합니다. 변수 때문에 공사비용이 더 들어가고, 공사기간이 늘어날 수 있다는 것을 감안하여 공사기간을 여유 있게 결정해야 합니다. 집주인이 급하게 시공을 원하거나 공사기간이 넉넉하지 않은 경우에는 아쉽더라도 포기하는 것이 좋습니다. 아직 경험이 부족한 경우에는 그렇게 해야 합니다.

셋째, 준비물을 챙겨야 한다.

집주인과 상담 약속을 정하고 현장에서 만나기 전에 집주인에게 몇 가지 생각하고 오라고 해야 합니다. 원하는 스타일의 제품을 생각해 놓거나, 원하는 제품을 인터넷에서 찾아 캡처해 오라고 말합니다. 집주인이 아무 생각 없이 와서 상담하게 되면, 즉흥적으로 제품을 선택하고 상담도 어려워질 수 있습니다. 나중에 제품과 디자인을 바꾸는 경우도 발생할 수 있습니다.

저는 집주인과 상담하러 갈 때 명함, 제품 카탈로그, 다이어리, 줄자, 레이저 거리측정기를 준비해 갑니다. 그리고 가장 중요한 것도 챙겨 가야죠. 그것은 바로 '친절함'입니다.

넷째, 현장을 꼼꼼하게 확인해야 한다.

저는 현장에 가면 꼼꼼하게 확인합니다. 물은 잘 나오고 내려가는지, 전체적인 수압은 적정한지, 누수는 없는지, 다른 문제 되는 것은 없는지 확인합니다. 집주인과 같이 있을 때 확인하고 문제가 있다면 공사하기 전에 조치할 수 있도록 알려줍니다. 나중에 욕실 공사가 끝나고, 문제가 발생하면 공사업체가 책임져야 할 수 있습니다. 그래서 사전에 꼭 확인해야 합니다. 현장 사진도 많이 찍어 놓아야 견적서 작성하고 머릿속으로 공사 시뮬레이션할 때 찍어 놓은 사진을 참고할 수 있습니다.

현장이 아파트라면 공사 시작 시간과 마감하는 시간이 있고, 공사차량이 진입 가능한 시간이 별도로 있을 수 있습니다. 엘리베이

터를 사용하지 못하게 하는 아파트도 있어요. 이 외에도 특별한 규정이 있을 수 있으니 잘 확인해야 합니다.

주택이나 빌딩은 현장에 주차할 곳이 있는지, 없으면 어디에 주차할 수 있는지 확인합니다. 집주인과 상담하고 현장을 확인한 후, 필요한 재료와 장비, 공사 절차를 머릿속으로 시뮬레이션해 봅니다.

이너바스 이실장 명언-15

"다른 사람과 좋은 관계를 만드는 데는

10만큼의 노력이 들지만,

나쁜 관계를 회복하려면

100만큼의 노력으로도 힘들다."

자존감은 높이고 자만심은 버려라

우리집 욕실과 친구 장모님댁 욕실 공사를 잘 마감하다 보니, 저는 자신감으로 꽉 차있었습니다. 기술을 배운 지 1년도 안 된 제가 기술자로 독립하여 현장마다 문제를 해결해 가며, 공사를 잘 마무리할 수 있다는 것에 자신감을 가졌습니다.

"다시 회사에 이직할 생각을 접고, 기술자를 선택하기를 정말 잘했어. 이럴 줄 알았으면 더 빨리 기술을 배웠어야 했는데!"

제가 회사를 다녔던 15년 동안은 성취감도 별로 없었으며, 압박감과 스트레스로 인해 몸에 이상(잦은 두드러기)도 생겼었습니다. 기술자가 된 후에는 제가 작업한 부분에 대해 집주인들도 만족하고, 칭찬도 해주다 보니 하루하루가 즐겁고 보람 있었습니다. 몸의 이상

2021년 마포구 상암월드컵파크 3단지 욕실 세팅

증세도 없어졌어요.

이럴 때 조심해야 합니다. 제가 모든 일들을 다 잘할 수 있을 것 같은 느낌이 듭니다. 하지만 아닙니다. 현장 상황이 나쁘지 않은 데다, 큰 변수가 생기지 않다 보니 무난하게 마감할 수 있었던 것입니다. 운이 좋았던 것이죠. 제가 '모르는 것이 많다는 것'을 모르고 있었으니 저의 자신감은 커져 있었습니다. 자신감에 취하는 것도 과도하면 문제가 발생합니다. 이런 마음이 들었을 때, 반드시 경계심을 가져야 합니다.

앞 글의 지인을 통하지 않은 첫 공사인 남양주 퇴계원을 공사하기 전 일입니다. 이너바스 이실장의 세 번째 욕실 리모델링 사례예요(첫 번째가 우리집, 두 번째가 친구 장모님 댁 욕실).

친구가 우리집 욕실을 깔끔하게 리모델링한 것을 보고, 자기네 집 욕실도 리모델링해 달라고 합니다. 대신 조건은 '견적은 저렴하게, 그리고 나 혼자 해야 한다.'는 것이었어요. 제 실력을 믿어 주었고, 꼼꼼하게 신경 써서 잘해달라는 의미였습니다. 아파트 욕실 2칸! 공사기간은 5일입니다. 공사하는 동안 가족들은 시골에 내려갔다 온다고 합니다. 5일이면 혼자서 충분히 다 할 수 있다는 자신감이 있었어요. 지금 생각하면, 그렇게 공사를 해서는 안 되었습니다.

공사 전날 오후에 타일과 제품, 부자재들이 강북구 번동 친구 아파트에 도착했습니다. 친구가 제품 나르는 일을 도와주었어요. 매번 무거운 타일과 도기를 혼자 옮겼는데, 친구와 둘이 하니 수월했습니다. 대학 다닐 때부터 이 친구와 술도 자주 먹었고, 마음도 잘 맞아 자주 연락하는 친구입니다.

시공 당일입니다. 거실과 안방, 주방에 커버링 테이프로 보양하고, 욕실 제품을 철거했습니다. 그리고 타일작업을 시작했습니다.

욕실 문은 사각이 아닌 둥근 윈도우 모양입니다. 둥글게 타일을 커팅해야 하는데 처음해 보는 작업이라 시간이 많이 걸렸습니다.

2019년 이너바스 이실장의 친구 집 욕실 타일 시공

벽타일을 깔끔하게 붙였습니다. 바닥타일도 구배를 잘 맞춰서 물도 잘 내려갈 것입니다. 돔천장과 환풍기도 잘 달았죠.

벽타일과 바닥타일 및 구배 시공

돔천장과 환풍기

문제는 메지였습니다. 벽과 바닥타일이 맞닿은 틈에 물이 고여 있지 않도록 메지를 두껍게 해서 아로지게 했습니다. 일부러요. 새로운 시도이긴 했지만, 이렇게 하면 물이 틈에 고이지 않게 되어 더좋을 것이라고 생각했습니다.

두꺼운 메지가 거슬린다

하지만, 그것은 정말 잘못된 생각이었습니다. 지저분하게 보입니다. 타일 메지가 마르지 않았을 때는 깔끔하게 보였지만, 마른 후에 보니 지저분해 보입니다. 제가 잘못된 생각을 했던 것입니다.

실리콘은 왜 이렇게 두껍게 들어갔는지(그때는 실리콘 쏘는 실력이 부족했습니다) 보기 안 좋습니다.

타일 메지를 빼면, 나머지는 큰 문제는 없었습니다. 하지만 타일 메지를 잘못한 것이 지금도 제 마음 한구석에 큰 아쉬움으로 남아 있습니다. 친구네 집에 가끔 놀러 가서 욕실을 볼 때마다, 후회하고 있습니다. '내가 그때 왜 그랬을까?' 하는 자책감이 많이 듭니다. 그런 시도는 하지 말았어야 했는데, 한숨이 나옵니다. 친구에게 미안하다고 한 후, 욕실 바닥타일은 나중에 다시 해주기로 했습니다.

욕실 공사를 하면서 먼지가 많이 났습니다. 타일을 갈고 자르면서, 천장재를 커팅하고 타공하면서도 먼지가 많이 났어요. 욕실 타일 공사를 하면 대부분의 사람들은 욕실 주변에만 먼지가 날 것이라고 생각합니다. 하지만 그렇지 않습니다. 타일을 갈아내고, 시멘트를 믹스하면서 바닥에 흘려놓은 먼지들이 신발에 묻어 돌아다니고, 창문 열어 놓으면 바람에 날립니다. 타일 그라인더 작업을 거실이 아닌 베란다에서 해도, 먼지가 온 집안에 퍼질 수밖에 없어요. 커버링테이프로 보양을 잘해도 벽과 천장의 벽지, 커튼, 침대에 먼지들이 뿌옇게 앉습니다. 나중에 친구가 그러더라고요. 흙먼지가 주방 구석구석과 싱크대장 안까지 쌓여서 와이프가 한 소리 했다고 합니다. 다시 또 미안해집니다.

욕실 두 칸을 혼자 나 혼자 공사하다 보니 체력적으로 많이 힘들 었습니다. 허리가 끊어질 듯 아프고, 손도 저려옵니다. 정해진 기간 내에 공사를 끝내야 한다는 압박감도 있어 마음도 힘들었습니다. 지금 생각해 보면 참 바보 같은 생각이었죠. 그 많은 것을 혼자서 할 생각을 하다니!

아직 기술이 익숙하지 않아 작업시간도 많이 걸렸고, 중간에 치 우고 정리하는 것도 제가 직접 해야 했습니다. 빈집이 아닌 생활하 는 집이라 물건들도 많았고, 조심해야 할 것들도 많았죠. 몸이 피곤 하고, 힘들어서 '이 정도면 됐어!'라는 생각이 드는 데도 저를 믿고 맡겨준 친구 집이라 대충 할 수도 없었습니다. 다음 공사부터는 혼 자 무리하게 공사하면 안 되겠다고 굳게 다짐했어요. 그리고 생활 하는 집 공사는 피해야겠다고 생각했습니다.

기술자로 독립한 지 1년이 안 되었다면 아직 입문자입니다. 자 만심을 가지고 큰 욕심을 부리면 탈이 납니다. 자신의 기술을 너무 믿지 말고, 자신이 해왔던 기술을 조금씩 업그레이드하세요. 무리 하게 일을 맡아서 하다가는 자신에게 문제가 생기고, 집주인에게도 큰 피해를 줄 것입니다.

초보 기술자로서 주의할 사항

첫째, 까다로운 집주인은 피해야 한다.

기술자로 독립하여 경험이 많지 않을 때는 예민하고 민감한 집주인은 피해야 합니다. 당신이 자신감을 가지고 완벽하게 공사했다고 하더라도, 예민하고 민감한 집주인은 미흡한 부분을 기어코 찾아내어 컴플레인(불만족하여 제기하는 불평)을 제기합니다. 잘 안 보이는 세밀한 부분까지 찾아냅니다.

제가 한 공사는 아니었지만, 도배나 필름의 잘 보이지 않는 조그마한 기포 하나까지도 하자보수를 요구하는 경우도 여러 번 봤습니다. 기술자라면 완벽하게 마감하려고 노력하는 것은 당연합니다. 하지만 사람이 하는 일이기 때문에 100% 완벽할 수는 없어요. 제품이 완벽하지 않을 수도 있습니다. 제품에 하자가 있거나, 기술자의 결과물이 눈에 띄게 미흡할 경우 조치해야 하는 것은 당연하지만, 정도를 넘어 100% 완벽한 퀄리티를 요구하는 집주인은 문제가 있다고 생각합니다. 아날로그 세상에서는 100% 완벽한 제품이나 퀄리티는 없습니다. 집주인의 민감도를 완전히 파악할 수는 없겠지만, 통화하다 보면 어느 정도 느낄 수 있습니다.

둘째, 어려운 시공을 원할 경우 무조건 'OK' 하지 마라.

당신이 경험해보지 않은 복잡하고 어려운 공사를 집주인이 원할 경우 생각 없이 'OK' 하지 마세요. 공사진행 순서와 방법이 당신 머릿속에서 그려지지 않는다면 공사를 맡으면 안 됩니다. '하던 대로 하다 보면 어떻게든 되겠지', '이 공사도 하다 보면 좋은 경험이 될 거야.'라고 생각하면 안 됩니다. 한번 잘못해놓으면 재공사는 더욱 어렵습니다. 그리고 집주인에게 돌이키기 힘든 피해를 주게 됩니다. 당신에게도 막대한 손해배상이 청구될 수도 있어요.

고급 기술자가 되기 위해서는 많은 시간과 경험이 필요합니다. 다양한 문제를 조금씩 해결해 가며 많은 기술 경험을 쌓아가다 보면, 복잡하고 어려운 공사도 할 수 있는 고급 기술자가 됩니다. 당신이 하기 어려운 작업을 집주인이 요청한다면 정중하게 거절하세요

셋째, 기술자는 자만심을 버려야 한다.

자신감과 자만심은 다릅니다. 나 자신의 경험을 생각했을 때, 할 수 있을 것이라고 생각하는 것이 자신감이고, 경험을 무시하고 자기 기술을 과대평가하여 할 수 없는 작업을 할 수 있다고 생각하는 것이 자만심입니다. 기술자는 자기 자신의 기술 수준을 알아야 합니다. 자만심은 사고를 불러올 뿐입니다.

집주인은 문제없이 공사가 잘 마감될 것이라는 믿음을 가지고 당신에게 공사를 맡겼습니다. 자만심으로 가득 찬 당신이 할 수 없는 공사를 하게 되면 집주인의 생각과 다르게, 문제없이 공사를 마감할 수 없습니다. 공사를 마무리하고, 문제가 발생하여 다시 공사

를 하게 되면 기술자에게도 집주인에게도 모두에게 스트레스 받으며 힘든 일이 됩니다.

넷째, 집에서 먼 거리의 현장은 피해라.

장시간을 운전하여 현장에 도착하고, 다시 현장을 벗어나 집으로 오는 것도 '일'입니다. 현장까지 2시간 이상 걸리는 장거리 운행은 가능하면 피하는 것이 좋습니다. 현장이 멀어 오랜 시간 운전을 하면 몸이 지쳐 머리 회전도 느려지고 집중하여 일을 하기 힘들어요. 퀄리티도 떨어지고, 잘못하면 부상을 당하거나 실수할 수도 있습니다. 그리고 졸음 운전을 할 수도 있어요.

거리가 멀면, 나중에 AS 하러 가는 것도 부담이 됩니다. 너무 욕심내지 마세요. 멀지 않은 곳에서도 당신을 필요로 하는 곳이 분명히 있습니다.

이너바스 이실장 명언-16

"단단한 자부심은 깨지기 쉽고,

그 파편으로 인한 상처는 깊다."

견적서 작성은 정직하게

집주인과 상담 후 견적서를 작성해야 합니다. 견적서는 집주인에게 이 비용으로 원하는 공사를 해줄 수 있다는 가격 제안서입니다. 견적서를 작성할 줄 모르거나, 집주인이 이해하기 어려운 견적서를 작성한다면 공사를 맡기 어렵습니다. 그리고 집주인과 상담할 때 메모를 잘해야 견적서를 잘 작성할 수 있습니다.

첫째, 견적서는 구체적으로 정확하게 작성한다.

견적서는 집주인이 이해할 수 있도록 구체적으로 작성해야 합니다. 집주인은 제품 개별 비용에 대해서도 궁금해하기 때문에 제품의 모델 넘버까지 정확하게 기재합니다. 그리고 집주인은 견적서와 실제 설치된 제품이 맞는지 공사가 끝나면 확인하기도 하는데, 견적서가 세부적이지 않다면 확인하기 어려워 공사가 끝난 후 집주인과 다툼의 소지가 있습니다.

2023년 부천 상동 사랑마을 청구아파트 욕실 세팅

12	하부장세면대_히든바스_화이트		1	
13	세면수전_대림DL-L3010	원홈	1	
14	세면수전부속(품업, 트랩)		1	
15	샤워기_PLAT 선반링 사워욕조수전_아메리칸스탠다드		1	
16	욕실슬라이딩장_히든바스_화이트&골드테두리	1000×800	1	
17	욕실 거울(원형)_히든바스_화이트	600	1	
18	샤워파티션_히든바스_(투명)	1800×750	1	
19	욕실악세사리(수건,휴지)_골드		1	
20	스프레이건(고급 청소건)		1	
21	코너선반&수건걸이_강화유리		1	
22	욕실 LED 매립등(6inch 2, 3inch 2)		4	
23	방우콘센트		1	
24	세탁기용 수도꼭지		2	
25	기타 소모품비(실리콘,마대,식대 기타) 및 공구손망실비		1	
26	욕실공사 폐기물처리비		1	
27	주차비용		4	유료주차장(4일)
28	재료 배송비(용달비용)		1	
29		- 제품 양중_4층_욕실 제품 철거		1	도우미 1명 포함
30		- 타일시공(덧방)_욕실		1	
31	공 임	- 타일시공(덧방)_주방		1	
32		- 돔천정 시공		1	
33		- 도기 및 욕실제품 셋팅		1	
합계				

이너바스 이실장의 견적서 예시

집주인은 견적서를 받은 후 제품가격을 인터넷 검색으로 알아볼 수 있습니다. 견적서에 제품 모델 넘버까지 넣어 작성해 보내주면 당신을 신뢰하게 되어 공사를 맡길 수 있는 것이죠. 비양심적으로 제품값을 올려 견적서를 작성하면 집주인이 알게 되니 주의해야 합니다. 또한 견적서를 세부적으로 작성하면 어떤 제품으로 공사를 했는지 나중에 알 수 있고, 다음 고객 상담 시 참고할 수 있습니다.

둘째, 견적서의 공임은 상식적으로 이해할 수 있는 금액으로 정한다.

견적서의 공임도 제품과 구분해서 상식적인 금액으로 결정합니다. 견적서의 금액은 "내가 최소한 이 금액은 받을 수 있어야 공사를 할 수 있다."는 것입니다. 당신이 공사를 진행하는데, 얼마나 힘들고, 기술적 난이도는 어느 정도이며, 소요되는 시간은 얼마나 걸릴지 예상하여 상식적인 금액으로 결정합니다. 시공비를 저렴하게 할 필요는 없습니다. 어떻게든 공사를 맡기 위해 견적서 금액을 낮춰 공사를 하면, 기술자는 최선을 다하지 않게 됩니다.

"얼마 번다고 내가 이렇게까지 힘들게 해야 하나?"

일이 힘들어지고, 재미도 없으며 스트레스 받습니다. 자신도 모르게 최선을 다하지 않고, 대충 마무리하게 됩니다. 집주인과 기술자에게 모두 손해인 것입니다.

또한 현장마다 변수가 발생할 수 있습니다. 견적서의 공사비는 늘면 늘었지 줄어드는 경우는 없습니다. 처음 현장을 방문했을 때 확인한 것이 전부가 아닙니다. 철거를 하면 어떤 곳은 추가로 해야 할 작업이 생기고, 기술자의 시간과 부재료가 더 들어갈 수 있습니다. 현장에 생각하지 못한 변수가 생겼는데, 견적서 금액까지 빼듯하게 넣었다면, 당신이 일한 만큼의 보상을 받기 어려워집니다.

그리고 전체적인 견적 금액을 낮게 작성하면, 집주인이 당신을 기술 입문자라고 오해할 수도 있고(오해가 아닐 수도 있음), 견적 금액을 너무 높게 작성하면 집주인도 부담되어 'OK' 하기 힘들겠죠. 자신의 기술과 노력을 상식적인 가격으로 환산하여 견적을 작성하는 것이 베스트입니다.

참고로 위 견적서의 제품으로 욕실을 리모델링하면, 이렇게 바뀝니다.

2022년 논현동 빌딩 4층 욕실 리모델링 전과 후

셋째, 견적서가 작성되면 집주인에게 보낸다.

견적서 작성이 완료되면, 견적서를 보내기 전에 꼼꼼하게 확인합니다. 필요한 제품과 부재료는 모두 넣었는지, 금액 합계는 맞는지 확인해야 합니다. 깜빡하고 견적서에 넣지 않은 제품이 있거나, 금액이 틀리면 집주인의 신뢰를 잃을 수 있습니다.

견적서 확인이 확실하게 끝나면 집주인에게 문자나 메일로 보냅니다. 저는 집주인이 편하게 휴대폰으로 확인할 수 있도록 문자

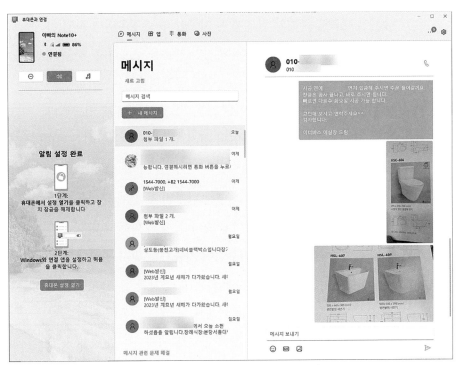

이너바스 이실장의 PC 문자메시지 전송 화면

메시지로 보냅니다. PC에서 휴대폰과 연결하여 첨부할 사진과 함께 문자 메시지로 보낼 수 있습니다. 엑셀의 견적서 화면을 캡처하여 JPG 파일로 만들어 문자메시지로 전송합니다. 'PC에서 문자메시지 보내기'로 유튜브에서 검색해 보세요. 유튜브에서 공부해야 할 것들이 많습니다. 그리고 견적서의 제품 사진도 함께 첨부파일로 보내세요.

넷째, 집주인에게 선금을 받은 후 제품을 주문한다.

당신이 제품을 구매할 필요 없이 시공만 하는 경우라면 작업 마무리 후 시공비를 받으면 됩니다. 하지만 제품을 구매하고, 제품 배송까지 기술자가 해야 할 경우에는 전체 금액의 80%는 먼저 계좌로 받습니다. 착수금 개념인 거죠. 착수금을 기술자에게 입금한다는 것은, 공사를 하겠다는 집주인의 결정과 의사 표시이며 기술자를 믿는다는 표현이기도 합니다.

집주인이 착수금을 주지 않고, 공사 마무리 후 전체 금액을 주겠다고 하면 공사를 맡지 않는 것이 좋습니다. 공사 마무리 후 공사비를 못 받을 가능성도 있지만, 집주인이 기술자를 믿지 못한다는 것입니다. 집주인이 기술자를 믿지 못하는데, 공사를 할 필요가 없겠죠. 누구와 어떤 일을 할 때, 또는 거래를 할 때는 믿음이 있어야 합니다. 그리고 집주인의 믿음을 깨지 않도록 기술자는 노력해야 합니다.

집주인에게 착수금을 받은 후, 매장에 가서 제품을 주문합니다.
견적서를 잘 확인하여 빠진 것 없이 주문해야 해요.

이너바스 이실장 명언-17

"사람과 싸우지 말고 문제와 싸워라!"

시공 기록 정리하고 정산해 보자

'기술자로서 홀로서기' 마지막 챕터입니다. 상담하고, 작업하고, 공사비 받았다고 끝난 것이 아닙니다. 기록을 남겨야 하죠. 당신이 누구에게 요청받아, 언제 어디에서 어떤 공사를 어떻게 작업했

2021년 용산구 한남동 리첸시아 B동 욕실 세팅

고, 수고비로 얼마를 받았는지 알고 있어야 합니다. 당신이 한 작업을 알고 있어야 일한 보람을 더 크게 느낄 수 있습니다. 시간이 많이 흐르면 기억하기 어렵습니다. 기록하고 정리해 놓아야 확인할 수 있어요. 몇 년 후 당신이 그동안 어디에서 어떻게 일했는지 돌아볼 수도 있습니다. 사람이 기억해 낼 수 있는 것들은 한계가 있거든요.

공사하고 작업한 기록은 나중에 필요할 수 있습니다. 오래전 공사한 것에 대해 집주인이 전화하여 물어볼 수도 있고, 기술자가 작업한 부분 때문에 문제가 생겼다고 할 수도 있어요. 오래된 일이라 기억이 잘 나지 않겠죠. 작업한 것을 기록하고 정리해 놓으면 찾기 쉽고, 문제의 원인을 알 수 있습니다*(시공한 날 찍은 사진으로 확인하면 됩니다. 그러므로 사진도 잘 정리하여 보관해야 합니다)*.

하나, 시공기록을 엑셀파일로 기록하고 정리하자.

저는 엑셀파일로 만들어 놓습니다. 기록은 공사가 끝난 후 바로 기록해야 합니다.

공사를 정리해 작성하고, 다음 해가 되면 다른 시트로 넘어갑니다. 엑셀 프로그램은 학교에서 또는 직장에서 사용해 봤죠? 아직 사용법을 모른다면 꼭 배워두어야 합니다. 엑셀로 견적서와 공사기록도 작성해야 할 뿐만 아니라 일상에서도 유용하게 사용할 수 있습니다. 많이 어려운 것이 아니기 때문에, 유튜브를 보면서 학습하면 충분합니다.

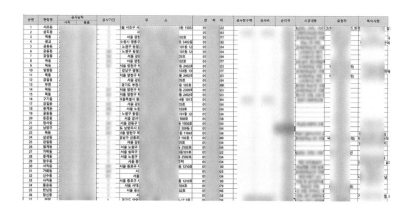

제가 만들어 놓은 엑셀시트입니다.

① 순번 : 한 해 동안 몇 건의 공사를 했는지 알 수 있습니다.

순번	현장명	공사날짜		공사기간
		시작	종료	
51	논현동	2022-05-31	2022-06-02	3

② 현장명 : 당신이 쉽게 파악할 만한 지역으로 기입합니다. 어디에서 일했는지 간략하게 알 수 있습니다.

③ 공사날짜 : 언제 시작해서 언제 끝났는지, 며칠 걸렸는지 알 수 있습니다.

④ 주소 : 상세주소를 기입합니다. 재방문 시 필요할 수도 있습니다.

⑤ 연락처 : 휴대폰 번호를 기입해요.

주 　 　 소	연 　 락 　 처
서울 강남구 논현동	010-

⑥ 공사청구액 : 집주인과 협의된 견적서의 총공사비를 기입 합
니다.

⑦ 공사비 : 공사하면서 제품을 구매하고 지출한 총금액을 기입
합니다. 소모품, 부자재 등 사용된 모든 비용을 기입합니다.

⑧ 순이익 : 공사청구액에서 공사비를 제외한 금액입니다. 수식
파일을 걸어 자동계산될 수 있도록 합니다. 내가 고생하고 노
력한 금전적인 대가입니다.

공사청구액	공사비	순이익

⑨ 시공내용 : 어떤 공사를 했는지 기입합니다.

⑩ 요청자 : 집주인이 블로그를 통해 직접 당신에게 요청했는지,
지인이 소개했는지, 인테리어업체 요청인지 기입합니다.

⑪ 특이사항 : 기입하지 않은 내용 중에 특별한 내용이 있으면 기
입합니다.

시공내용	요청자	특이사항
1개 리모델링, 주방	블로그	이가 타일

이렇게 1년 단위로 기록해 놓으면, 1년마다 합계를 내어 정산을 할 수 있습니다. 그 해 매출은 얼마였고, 순이익은 얼마였는지 알 수 있어요. 참고하여 다음 해 목표도 세우고, 견적서를 작성할 때에도 참고할 수 있습니다. 와이프와 공유하며 기술자를 선택하길 잘했다는 것을 알려줍니다. 그리고 와이프에게 고마워해야 합니다. 와이프의 동의와 지지가 없었다면 할 수 없는 일이었으니까요.

저는 이렇게 정리를 해 놓습니다. 당신에게 맞는 더 좋은 방법이 있다면 그렇게 하세요. 월별 수익을 그래프로 만들 수 있습니다. 기록을 남겨야 당신 이 일한 보람을 느낄 수 있고, 더욱 열심히 해야겠다는 힘을 줍니다.

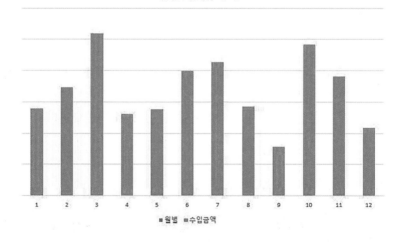

2021년 월별 수익

둘, 휴대폰에 집주인 연락처를 저장한다.

기록해 놓아야 할 곳이 하나 더 있습니다. PC의 엑셀파일에 집주인의 연락처를 기록해 놓았지만 현장에서 바로 확인하기 어렵습니다. 휴대폰에 저장하면 바로 확인할 수 있어요.

전화를 받기 전에 누가 나에게 전화했는지 알 수 있다면 마음의 준비(?)를 할 수 있습니다. 연락처는 휴대폰 그룹으로 정리합니다.

'이너바스' 그룹에는 제가 주로 제품을 구매하는 업체와 인테리어 업체, 인테리어 관련 기술자, 제가 공사 관련 문의할 수 있는 기술자를 저장해 놓습니다. '이너바스고객' 그룹에는 제가 공사를 했던 집주인의 연락처를 저장합니다.

휴대폰 연락처를 저장하는 이름은 당신이 기억해 내기 쉬운 이름으로 저장합니다. 지역명과 집주인의 특징을 간략하게 표현해 놓습니다. 친절한, 깔끔한, 예쁜 등으로 구별해 놓으면 기억하기가 쉽습니다. 처음부터 이렇게 저장한 것은 아니었어요. 지역명으로만 구분해 놓았었는데, 고객이 늘어나다 보니 지역명만으로는 구분이 어렵게 되었습니다. 집주인들이 어떻게 생각할지 모르겠지만, 저만 볼 수 있는 휴대폰이라 큰 문제는 없습니다.

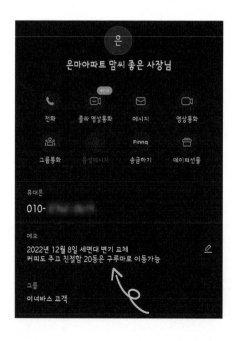

연락처 이름을 기록해 놓았지만, 이것만으로 기억해 내기 어려울 수도 있습니다. 힌트를 메모해 놓아요.

휴대폰 연락처 저장할 때 메모를 입력합니다. 이 집주인 분은 제가 세면대, 양변기 교체 시공할 때 커피도 주시고 친절하게 대해 주셨습니다. 남자 혼자 집에 있으면 아메리카노 커피를 직접 내려 주지는 않거든요. 그리고 은마아파트 20동은 공동 출입구 옆에 다행히(?) 장애인 휠체어 경사로가 있습니다. 2021년에도 은마아파트의 다른 동으로 시공하러 갔었는데, 장애인 휠체어 경사로가 없어서 계단으로 제품과 공구들을 핸드카에 실었다 내렸다를 반복했었습니다. 특이사항도 메모해 놓으면 다음 방문할 때 참고할 수 있습니다.

휴대폰에 집주인 연락처를 기억하기 쉽게 저장해 놓으면, 도움이 됩니다. 저보다 더 좋은 방법이 있다면 그렇게 하면 됩니다.

이너바스 이실장 명언-18

"타인으로부터 존경받고 싶다면,

말을 줄이고 겸손한 모습을 보여라."

242

욕실시공 깨알팁-3

욕조 샤워기의 수평 정확하게 맞추는 방법

　욕조 샤워기 설치할 때, 수평을 맞출 수 있는 방법 알려드립니다. 욕실 샤워기가 수평이 맞지 않고 삐딱하면 그것처럼 보기 싫은 것이 없습니다.

　이렇게 샤워기가 설치되면 안 되겠죠?

　전에 있던 샤워기를 제거하면 이렇게 되어 있습니다. 온수 냉수 수도관의 높이가 차이가 있어요. 신경써서 설치하지 않으면 샤워기 수평이 맞지 않습니다.

　욕조 샤워기 수평을 맞추는 가장 편한 방법 알려드립니다.

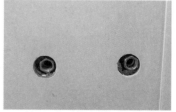

제가 샤워기 교체를 많이 하다 보니 '어떻게 하면 수평을 잘 맞출 수 있을까?' 고민했습니다.

① 샤워기 냉온수 편심 유니온에 테프론 테이프를 감지 말고, 손으로 돌려 끼워봅니다. 냉온수 편심 유니온 양쪽 모두 뻑뻑하게 돌아갈 때까지 몇 바퀴 돌아가는지 기억해 두거나 표시해 줍니다.

② 샤워기 본체가 수평이 맞는 각도를 찾습니다. 위 사진처럼 샤워기 본체를 결합한 후 미니 수평대를 이용하여 수  평 위치를 찾습니다. 샤워기 레버 위에 올리는 것보다는 양쪽 편심 유니온 끝에 올려서 수평을 맞추는 것이 더 좋습니다. 온수 편심 유니온을 돌리면 냉수 편심 유니온도 같이 움직이기 때문에 샤워기 본체를 움직여 보며 수평각도를 찾습니다.

③ 샤워기가 수평이 되는 각도를 타일에 연필로 표시합니다.

④ 샤워기를 다시 분리한 후 편심 유니온에 테프론 테이프를 잘 감습니다. 보통 15~20바퀴 정도 짱짱하게 감으면 됩니다.

⑤ 편심 유니온을 끼울 때 반드시 코팅장갑으로 감싼 후 몽키스

패너로 돌려야 합니
다. 그렇지 않으면 편
심유니온에 상처가
납니다. 특히 화이트
나 블랙 제품인 경우
상처 나면 눈에 잘 띄
기 때문에 주의해야 합니다. 편심유니온을 몇 바퀴 돌리면 뻑
뻑해지는지 알고 있으니 그만큼 돌리고, 몽키스패너로 힘을 주
어 한 바퀴나 두 바퀴 더 돌리면 물이 새지 않게 끼워집니다.

⑥ 표시한 각도로 편심
유니온을 맞춥니다.
그리고 샤워기 본체
를 결합하여 끼웁니
다. 고무바킹을 넣어
끼워야 해요. 샤워기
본체의 너트를 뻑뻑
해질 때까지 몽키스
패너로 조입니다.

⑦ 수도계량기 밸브를
열어 누수가 있는지
확인합니다. 그리고

샤워기를 틀어 물은 잘 나오는 지 확인합니다.

⑧ 문제가 없으면, 샤워기 줄과 헤드를 연결합니다.

⑨ 현장 상황과 샤워기 종류에 따라 커버가 벽에 밀착되기 어려운 제품도 있습니다. 그럴 때는 바이오실리콘을 예쁘게 쏴서 마감해 주면 됩니다.

이렇게 욕조샤워기를 설치하면 됩니다. 샤워기 교체설치는 전문 기술자에게 맡기는 것이 좋습니다. 샤워기를 잘못 설치하게 되면 타일 벽 뒤로 누수가 발생하여 문제가 될 수 있습니다.

Part 4

지금부터 나는 스페셜리스트

공구는 유치원 자녀 가방 챙기듯이

기술자에게 정리하는 습관은 매우 중요합니다. 공구를 정리하고 챙기는 것은 기술자의 습관에 따라 달라집니다. 기술자가 되기 전부터 좋은 습관을 만들어야 해요. 공구와 부재료가 정리되어 있지 않으면 필요할 때 찾아 사용하기 어렵습니다.

어떤 공구와 소모품들이 어떤 공구박스 어디에 있는지 기술자는 알고 있어야 합니다. 현장에서 갑자기 어떤 공구가 필요하면 공구박스에서 찾게 되는데, 공구박스가 정리되어 있지 않다면 찾는 데 시간이 걸리고 짜증도 납니다. 찾아 쓰기 편한 곳에 있어야 수월하게 이용할 수 있고, 작업 능률과 시공 퀄리티에도 영향을 미칩니다.

공구정리를 잘해야 하지만, 공구를 정리하는 것에 너무 집착하는 것도 좋지 않습니다. 현장의 작업보다 공구 정리하는 데 더 많은 노력을 기울이면 안 되겠죠. 어떤 일이 더 중요한 것인지 우선 순위가 바뀐 것입니다. 공구나 소모품이 어떤 공구상자에 들어 있고, 종

2024년 3월 종로구 사직동 스페이스본 오피스텔 욕실 세팅

류별로 정리가 되어 있고, 소모품들은 얼마나 남았는지 확인할 수 있다면 그 정도로 충분합니다. 그렇게 해야 내 몸과 마음이 편해지고, 작업능률도 올라갑니다. 그리고 남는 시간에 현장에 더 신경을 쓸 수 있습니다.

공구정리를 잘하려면

첫째, 공구박스는 자신이 하는 일에 맞는 것으로

가격 높은 브랜드의 공구박스를 사용한다고 하여 몸이 편해지고, 일이 잘 풀리는 것이 아닙니다. 다이소에서 판매하는 저렴한 리

빙박스도 기술자인 당신에게 맞는다면 그만입니다. 공구들을 종류별로 잘 정리할 수 있고, 작업차량의 적절한 공간에 배치할 수 있으며, 편하게 꺼내 쓸 수 있는 공구박스를 선택해야 합니다. 그리고 핸드카트로도 잘 이동시킬 수 있는 공구박스여야 합니다.

둘째, 관련된 공구끼리, 자주 쓰는 것과 가끔 쓰는 것 구분해서

저는 공구박스 한 개와 연장 재료박스 두 개를 사용하고 있습니다. 공구박스에는 작업에 필요한 필수 공구들과 재료가 들어있습니다.

이너바스 이실장의 공구박스(잘 정리된 것은 아니지만 편함)

연장박스-1에는 전동공구와 함께 사용빈도가 높은 공구들을 넣습니다.

연장박스-1

연장박스-1에 무거운 전동공구를 넣고, 자주 사용하는 공구들을 그 위에 넣습니다. 연장박스-2에는 각종 소모품과 부자재, 다른 연장박스에는 자주 사용하지는 않지만 필요할 수 있는 공구나 소모품을 정리해 놓습니다. 분기에 한 번 정도 공구들을 다 들어내고 깔끔하게 공구박스와 연장박스를 정리하고 있습니다.

셋째, 다목적 타일본드통

타일 시공을 하면 타일본드 통이 나오는데, 본드 통이 다목적이라 많은 기술자들이 사용합니다.

물을 담아 사용할 수 있고, 높은 곳이면 밟고 올라갈 수 있고(넘어

이너바스 이실장의 핸드카트

지지 않도록 주의해야 합니다). 연장박스를 모두 가져갈 필요가 없을 때에는 위 사진처럼 일부 연장 및 재료를 넣어 가지고 다닐 수 있습니다. 다 목적이죠!

넷째, 공구는 사용 후 제자리에 둔다.

아무리 혼자 사용하더라도, 사용한 연장은 제자리에 놓는 게 좋습니다. 당신만의 습관과 루틴을 만들어 사용하기 편한 곳에 놓아야 하죠. 자주 사용하는 작은 공구는 작업조끼나 주머니에 넣어야 하죠. 제자리에 공구를 놓지 않으면 필요할 때마다 찾게 됩니다. 그렇다고 다시 사용할 연장을 공구상자에 넣어버리면, 다시 공구상자를 열어 꺼내기 번거로워집니다. 사용한 공구가 이 현장에서 더 이

상 필요 없게 되었을 때 공구상자에 넣습니다.

필요에 의해서 당신에게 없는 공구를 다른 기술자에게 빌리면 사용한 후 제자리에 놓아야 합니다. 그리고 "잘 썼어요."라며 고마움을 표해야 합니다. 도움을 받은 사람의 도리입니다. 빌려줄 수 있는지 물어보지도 않고 다른 기술자의 공구를 사용하는 경우도 있는데, 큰 실례입니다. 잠깐 빌리는 것도 빌릴 수 있는지 물어보고 공구 주인의 답을 듣고 빌려가는 것이 예의입니다. 그리고 다른 기술자와 같은 공구가 있다면 섞이지 않게 주의하세요.

다섯째, 현장을 정리해 가면서 작업한다.

현장에서 작업하면 쓰레기와 폐기물이 나옵니다. 치우지 않고 작업하면 사용할 공간이 좁아지고, 마음도 산만해지고, 집중력도 떨어집니다. 공구가 숨겨지기도 하죠. 고무바킹, 너트, 금속브래킷 등 작은 부속들을 정리되지 않은 곳에 떨어뜨리면, 찾기 어렵습니다. 주변을 정리하면서 작업하는 것이 좋습니다.

작업하면서 한 공정이 끝나면 공구 정리하고, 쓰레기 치우고, 사진 찍고 다시 새로운 기분으로 작업합니다. 현장을 치우느라 시간을 더 허비한다고 생각할 수 있지만, 이렇게 하는 것이 더 빠른 방법입니다. 정리하면서 작업하면 다른 사람이 볼 때에도 작업 내용이 깔끔하고, 기술자가 전문가처럼 보여 믿음이 갑니다.

여섯째, 공구는 평소 잘 정비해야 놓는다.

군대에서 k-2 소총 사격 후 의무적으로 정비하고 총신과 총열을 잘 닦아놓듯이, 공구들도 잘 정비해야 망가지지 않고 오래 사용할 수 있습니다. 작업한 날 몸이 힘들다고 대충 정리하고 현장을 나오게 되면 다시 사용하기 어려울 수 있습니다. 타일공구는 반죽된 시멘트가 묻어 굳어 버리면 나중에 잘 닦이지 않습니다. 사용한 공구는 모두 공구박스에 담겼는지 확인하고 현장을 벗어나야 합니다. 그런 습관이 공구를 잃어버리지 않는 지름길입니다. '공구를 잃어버리는 것은 시공 퀄리티 또한 잃어버리는 것'입니다.

공구를 잃어버리면 다시 구매하기 전까지 사용할 수가 없습니다. 그러면 다음 현장에서 그 공구가 필요할 때 사용할 수 없어 작업 퀄리티가 떨어지거나 작업을 할 수 없을 수도 있어요.

일곱째, 소모품은 부족하지 않게 항상 준비되어 있어야 한다.

저는 작업하러 가기 전에 소모품을 확인합니다. 접시머리 나사(스테인리스), 칼브럭, 포세린타일 비트, 타일 스페이스, 테프론 테이프, 앵글 밸브, 세면대 트랩(I트랩, P트랩), 폽업, 양변기 정심, 편심, 특수정심, 서비스 니플(길이별로 다양하게), 연결 고압호스, 각종 테이프, 바이오 실리콘(무광, 백색), 그라인더 절단석, 마대자루, 커터 칼날 등 소모품을 부족하지 않게 작업차에 비치해 놓습니다.

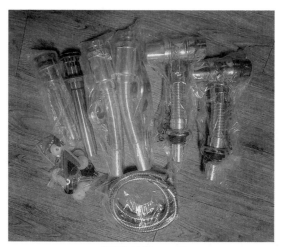

세면대 설치 소모품

　현장에서 소모품들을 사용하면서, 재고가 얼마나 남았는지 확인 후, 부족한 소모품은 구매합니다. 현장에서 잠시 쉴 때 메모해 둬야 해요. 현장을 나오면 잊어버리기 때문에 휴대폰 메모장에 메모해 놓습니다. 소모품이 준비되어 있어야 마음 놓고 작업할 수 있습니다.

　여덟째, 작업 마감한 후 현장을 깔끔하게 정리한다.
　작업 중에도 치우면서 해야 하지만, 작업을 마감한 후 현장을 깔끔하게 정리해야 합니다. 시공을 아무리 잘했더라도, 뒷마무리가 깔끔하지 않으면 전문 기술자로 보이지 않습니다. 뒷정리하지 않고 현장을 나오면 뒤가 좀 찜찜하지 않을까요? 화장실에서 볼일 보고,

뒤처리를 안 하고 나온 느낌이랄까.

작업현장을 정리하다 보면 공구가 하나씩 발견되기도 합니다. 공구를 잃어버리지 않기 위해서라도 현장은 깔끔하게 정리하고 현장을 벗어나는 습관을 만들어야 합니다.

이너바스 이실장 명언-19

"공구를 잃어버리는 것은

시공 퀄리티 또한 잃어버리는 것이다!"

시공 전후의 점검사항

전문 기술자의 기술은 완벽에 가까워야 합니다. 물론 기술자도 불완전한 존재이기 때문에 100% 완벽하지 못할 수 있습니다. 하지만 완벽하게 하려고 노력해야 해요. 완벽하게 하려고 노력한다는 것은 어떤 것일까요? 확인과 점검입니다.

작업하는 것 중요합니다. 더 중요한 것은 확인과 점검입니다. 작업시간이 빠듯해서 점검하지 않고 다음 공정으로 넘어가거나, 대강 작업을 마무리한 후 확인하지 않고 현장을 벗어나는 기술자도 있어요. 자신은 기술적으로 완벽하다고 확신하기 때문에 점검을 안 하는 경우도 있습니다. 자신이 한 작업을 점검하고 확인하지 않으면 뒤가 찜찜하지 않을까요?

당신이 작업한 것에 문제가 있거나 제품이 잘 작동하지 않으면 AS하러 현장에 다시 방문해야 합니다. 확인을 하지 않음으로써 나

2023년 부천 사랑마을아파트 욕실 세팅

중에 더 불편해지고, 더 힘들어지고, 시간도 더 소모할 수 있어요. 집주인도 불편해지고 스트레스를 받습니다. 기술자에 대한 믿음이 무너지게 됩니다. 집주인이 기술자에 대한 믿음이 무너지면, 기술자 또한 자부심에 상처를 받습니다. 그래서 확인과 점검을 잘해야 합니다.

제가 확인하는 것은

하나, 작업 전 확인

저는 욕실 전체 리모델링 공사를 직접 하고 있습니다. 인테리어 업체의 요청으로 욕실 제품 설치도 하고, 집주인이 양변기, 세면대, 샤워기, 욕실장 등 욕실제품을 교체 요청하면, 제품을 직접 구매하여 교체해 주기도 합니다.

현장에 도착하면 작업에 들어가기 전에 확인해 보는 것들이 있습니다. 샤워기나 세면대 수전에서 물은 잘 나오고 내려가는지, 양변기 물은 시원하게 내려가는지, 누수는 없는지 먼저 확인합니다. 시공 전에 문제가 있다는 것을 발견하면 집주인에게 알려주고, 향후 공사는 어떻게 해야 하는지 알려줍니다.

제가 공사하면서 겪은 일을 말씀드리겠습니다.

2023년6월 서초구 반포동 세면대 설치

논현동 3층 고급주택에 샤워기를 교체하러 갔습니다. 집주인이 위층 욕실에서 샤워를 한다고 하여 아래층 욕실의 다른 작업부터 할 수밖에 없었습니다. 제가 현장에 도착하면 물을 사용하는 제품부터 확인하고 작업을 시작하는데, 샤워기를 교체하려면 수도계량기 밸브를 잠가야 합니다. 그러면 집주인이 샤워를 할 수가 없겠죠. 제 루틴이 깨진 것입니다.

다른 제품 먼저 설치 작업을 하는 바람에 누수 확인하는 것을 잊고 작업을 시작했습니다. 마지막에 샤워기를 교체했는데, 샤워기 온수 쪽 벽에서 물이 계속 새어 나옵니다. 왜 그럴까? 생각하며

2023년 4월 논현동 샤워기 교체 전 사진

샤워기를 '제거하고 설치하고 점검하고' 여러 번 반복했습니다. 알고 보니 작업 전부터 타일벽 뒤의 수도관에 문제가 있었던 것입니다. 찍어 놓은 사진을 보니 교체 전부터 샤워기 온수 부분에서 물이 흘러나오고 있었습니다. 바닥에도 물이 흘러 비칩니다. 다행인 것은 방문하자마자 현장 사진(위의 사진)을 찍어 놓아서 집주인이 이해하기 쉽게 설명할 수 있었습니다. 작업 전에 사진도 안 찍어 놨더라

밸브 설치 후 누수 확인

면 어떻게 되었을까요? 작업 전 현장사진의 중요성을 한 번 더 느꼈습니다.

둘, 다음 공정으로 넘어가기 전 확인

인테리어 업체의 요청으로 욕실 제품을 설치하기 위해 현장에 도착하면 확인부터 합니다. 앞에서 말한 시공 전 확인이죠. 그다음으로 계량기 수도밸브를 잠근 후 앵글밸브부터 설치합니다. 그리고 다시 수도계량기 밸브를 열어 누수를 확인해요. 중요한 작업 중 하나입니다. 앵글밸브를 설치할 때 문제가 발생하면 타일벽 안으로 누수될 수 있습니다.

앵글밸브가 제대로 설치되었는지 확인하지 않고 세면대를 설치한 후 문제가 확인되면, 설치한 세면대를 다시 제거하고 조치해야 할 수도 있습니다. 시간이 더 걸리고 피로감도 높아집니다. 그래서 확인작업이 중요합니다.

세면대 설치가 완료되면, 세면대에 물을 틀고 누수가 있을 만한 부분을 마른 손으로 만져봅니다. 문제가 없다면 세면대에 물을 받고 세면대 밑에 물이 묻지 않은 박스를 깔아 둡니다. 그리고 다른 작업에 들어가죠. 시간이 지나서 박스에 물이 묻은 흔적이 발견되면

세면대 설치 후 수압, 누수, 배수 확인

바로 조치합니다. 세면대 밑에 종이박스를 깔아 두면 확인하기 좋습니다.

셋, 현장을 벗어나기 전 확인

작업이 마무리되면, 당신이 작업한 모든 제품들을 점검해야 합니다.

① 세면대 수전이나 샤워기가 작동은 잘 되고 누수는 없는지

② 양변기는 물이 잘 내려가고 누수는 없는지

③ 욕실장은 단단히 고정되어 움직이지는 않는지

④ 선반이나 벽에 부착되는 제품은 수평이 맞고 견고하게 고정되었는지

⑤ 집주인이나 인테리어 업체에서 요청한 것은 모두 마쳤고, 더 작업해야 하는 것은 없는지

⑥ 현장의 폐기물과 제품 박스들은 깔끔하게 정리하고 치웠는지

⑦ 현장과 제품 사진은 다 찍었는지

⑧ 내 공구와 연장은 빠진 것 없이 다 챙겼는지

위의 사항들을 빠짐없이 확인하고 현장을 벗어나야 합니다. 꼼꼼하게 확인하면 AS 하러 현장에 다시 올 일이 없어집니다. 집주인이나 인테리어 업체에 믿음을 주고, 전문 기술자 즉 스페셜리스

트로 인정받을 수 있습니다. 스페셜리스트라면 꼼꼼하게 확인해야

겠죠? 점검하고 확인해야 기술자인 당신의 마음이 편안해지고, 즐

겁게 운전하며 귀가할 수 있습니다. 당신이 작업한 것을 확인하지

않으면, 마음이 불편해지고 전문가로서의 자부심도 잃을 수 있습

니다.

이너바스 이실장 명언-20

"작업을 마치고 확인하지 않으면,

작업은 반만 끝난 것이다."

새로 나온 귀요미를 활용하자

제가 앞에 쓴 내용처럼 행동으로 실천하기가 쉽지는 않을 것입니다. 하지만 제가 말씀드린 것들을 차례차례 실행하다 보면 올바른 기술자가 될 수 있다고 자신 있게 말할 수 있습니다. 기술자인 척

2023년 영등포구 당산 양용빌딩 오피스텔 세면대 교체

시늉만 하면 안 되겠죠?

동종업계의 다른 기술자들은 어떤 공구로 어떻게 시공을 하는지 찾아봐야 합니다. 당신보다 더 쉽고, 더 퀄리티 있고, 더 효율적으로 할 수 있는 다른 방법들이 있다면 배우고 바꿔야죠. 매년 새로운 공구나 장비가 개발되어 출시됩니다. 공구 회사들이 기술자를 위해 많은 연구와 개발을 진행하고 있습니다. 일을 더 쉽고, 편하고, 빠르고, 정확하게 할 수 있는 공구들이 계속 개발되고 있어요. 기술자가 되었다고 자만하지 말고, 연구하고 공부해야 합니다. 많이 알아야 현장 상황에 맞게 응용하고 활용할 수 있습니다.

은퇴를 앞둔 기술자 어르신들은 최신 공구를 찾지도 않고, 또 사용하기 어려울 수도 있지만 이 글을 읽는 당신이라면 충분히 공부하고 연구해서 잘 활용할 수 있습니다. 그런 식으로 당신의 기술 영역을 더욱 넓혀갈 수 있습니다. 최신 기술과 장비를 공부할 수 있는 곳이 있습니다. 만물의 선생님인 '포털사이트 검색과 유튜브'입니다. 유튜브에는 기술 입문자가 알아두면 좋을 많은 기술 방법과 팁이 있고, 동영상으로 알기 쉽게 설명해 주고 깨달음을 줍니다.

하나, 공구 유튜브 동영상을 참고하자.

저는 유튜브 공구 관련 채널 철물점TV, 공구왕황부장, 공구부라더스, 윤툴툴 등을 구독하여 시청합니다. 재미 있고, 새로 나온 신기한 공구도 많습니다. 내 몸을 편하게 하고, 작업 퀄리티를 높이기 위해 꾸준히 찾아보고 있으며, 저에게 필요한 공구가 있으면 바로 구매합니다. 새로 나온 공구를 쇼핑하여 사용하는 것도 기술자의 즐거움 중 하나입니다.

HYBRO H500 전동드라이버

위 사진의 전동드라이버도 제가 공구 유튜브 보고 구매한 것입니다. 적당한 토크에 임팩드라이버 보다 작고 가벼워 사용하기 휴대하기 편하고, USB C type으로 충전이 빠릅니다. 적절하게 자동으로 조인 후 내 손의 감각을 느끼면서 수동으로 조여 마무리할 수 있습니다. 가장 마음에 드는 것은 크기도 작아서 공구박스에 자리를 차지하지 않고, 작업하면서 작업조끼에 넣을 수 있는 장점이 있습니다. 이제 무거운 임팩드릴이나 드라이버를 사용할 일이 많지 않아요.

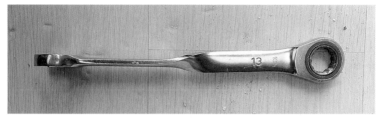

13mm 기어 렌치

　일반 스패너로 세면대 앙카볼트를 조일 때, 협소한 공간에서 스패너를 너트에 '넣고 돌리고 빼고'를 반복하면서 5분 이상 걸렸습니다. 하지만 이 기어 렌치로 하면 작업시간이 1분도 걸리지 않습니다. '드륵드륵' 기어 소리와 손의 느낌이 좋습니다. 저도 처음에는 이 제품을 몰라서 일반 스패너를 사용했습니다.

　이 제품들 외에도 유튜브 공구 채널을 보고 구매한 공구가 많습니다. 몸도 편해지고 작업 속도도 빨라지고 스트레스와 피로도는 줄어듭니다.

　둘, 기술자 유튜브 동영상을 참고하자.

　저는 유튜브 기술자 채널 강쌤철물, 내가해TV 등을 구독하고 그 외에도 인테리어 관련 동영상을 관심 있게 찾아보고 있습니다. 지금도 제가 작업하는 방법이 가장 좋은 방법이라고 생각하지 않습니다. 더 좋은 방법이 있을 수 있습니다. 제가 기술자 사장에게 배운 것도 도움이 되었지만, 유튜브 기술 동영상을 보고 응용한 것도 많습니다.

세면대 설치할 때, 도기 뒷부분을 그려 오려내어 앙카볼트 타공 자리를 찾는 방법도 유튜브 동영상에서 보게 되었고 바꿨습니다. 그전까지 줄자를 이용하고, 계산을 하여 타공위치를 찾았는데 이 방법이 훨씬 더 쉽고 실수하지 않는 방법임을 알게 되었습니다. 저는 이 방법을 지금도 사용하고 있습니다.

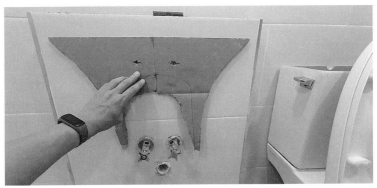

반다리 일체형 세면대 설치 중

이 방법 외에도 유튜브에는 다양한 기술팁을 소개하는 영상이 많습니다. 다른 기술자들은 어떻게 시공을 하고 있는지 살펴봐야 당신의 기술과 실력을 더욱 레벨업시킬 수 있습니다. 당신이 지금 하고 있는 방법이 가장 좋은 방법이라고 단정하고, 확장하여 생각하지 않는다면 더 이상 발전할 수 없습니다.

셋, 다른 기술자의 공구와 작업 방법을 공유하자.

제가 가진 기술 외에도 알아두면 좋은 기술들이 많이 있습니다. 현장에서 다른 기술자들은 어떻게 작업하는지 유심히 볼 필요가 있습니다. 다른 기술자는 어떤 공구나 소모품을 사용하는지, 그 공구들의 장단점은 무엇인지 대화하며 공유할 수 있습니다. 탐낼 만한 물건이 있다면, 구비하여 당신의 퀄리티를 높일 수 있습니다.

넷, 설치하는 제품의 작동 원리를 알아야 합니다.

제품을 설치할 때 그 제품의 원리를 알면 제품에 약간 문제가 있더라도 부자재를 응용하여 조치할 수 있습니다. 예를 들어 욕실 슬라이드장의 레일과 롤러가 어떤 위치에서 어떤 역할을 하는지, 양변기 물탱크가 어떤 원리로 작동되어 물이 내려가는지 알아놓으면, 제품에 약간의 문제가 있더라도 바로 고칠 수가 있습니다.

저는 양변기를 교체하고 비데는 철거하여 집에 가지고 와서 분해를 해 보았습니다. 원리를 알기 위해서죠. 가장 궁금했던 것은 비데가 양변기에 어떻게 설치됐는지 궁금했습니다. 일반비데는 오른쪽 사이드에 버튼이 있어서 누르고 빼면 변기에서 탈거됩니다. 위 비데는 변기에서 비데가 분해되지 않아 궁금했어요. 분해해 보니 알게 되었습니다. 오래된 초창기 비데일체형 양변기의 비데라 나사

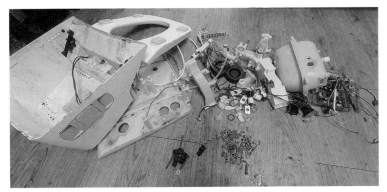

비데일체형 양변기의 비데 분해작업

를 풀고 덮개를 열어야 하는 구조입니다. 어떤 원리로 비데가 분사되는지, 모터와 펌프가 어떻게 작동하는지 알았습니다.

더 중요한 것은, 바닥에 신문지라도 깔고 해야 한다는 것입니다. 제가 했던 것처럼 거실 맨바닥에다 마구 분해해 버렸다가는 마누라한테 등짝 싸다구 맞을 수 있다는 것이죠. 주의하세요.

결론은 제품의 원리를 알면 제품 설치할 때 응용할 수 있다는 겁니다. 설치가 안 되는 상황에 위치를 변경시켜 설치할 수도 있고, 다른 부속을 써서 사용하는 데 문제없도록 조치할 수도 있습니다.

다섯, 새로운 제품을 처음 설치할 때는 반드시 설명서를 정독해야 합니다.

우리의 간식이면서 주식이기도 한 라면은 초등학생 때부터 직접 많이 끓여 먹습니다. 누구나 라면을 끓여본 경험이 있기 때문에

라면 봉지에 적힌 조리방법을 읽어 볼 필요도 없고, 냉장고에 부재료들이 있으면 응용해서 맛있게 끓여 먹습니다. 라면 물도 감으로 잘 맞추죠. 하지만 새로 나온 라면이라면 설명서를 읽어봐야 합니다. 불닭볶음면을 일반 라면처럼 끓였다가는 불닭곰탕(?)으로 만들어버릴 수도 있으니까요.

처음 설치하는 제품인 경우 설명서를 읽어보고 작업을 시작해야 합니다. (기술자의 자존심 때문인지 모르겠지만) 설명서를 무시하고 자신의 경험을 믿으며 작업을 시작합니다. 그런 기술자가 있어서, 그 집주인의 요청으로 제가 재설치하러 갔다 온 경험이 몇 번 있습니다.

최신 스마트양변기의 경우 수압조절하는 전용 밸브를 설치해야 하고, 상부 비데의 급수관을 제대로 연결해야 하죠. 설치가 끝나고

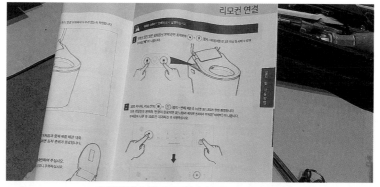

아메리칸스탠다드 직수형 양변기 설명서

리모컨과 페어링해야 합니다. 하지만, 원래 하던 대로 설치하고 기능상 문제가 없기를 바라는 경우가 있습니다. 당연히 작동에 문제가 생기고, 물이 샙니다.

제품마다 양변기 리모컨 페어링 방법이 다르기 때문에 꼭 설명서를 읽어보고 해야 합니다.

오른쪽 사진은 레인샤워기 설치할 때 들어있었던 안내문입니다. 레인샤워기 설치할 때 샤워기 파이프 끼우는 고정너트가 플라스틱으로 되어 있어서 공구로 조이지 말라고 되어 있습니다. 주의사항 안내문이 동봉되어 있는 것을 보면, 많은 기술자들이 공구로 조이면서 많이 파손되었나 봅니다. 제품 상자 안에 들어 있는 안내문과 설명서를 읽어보고 작업해야 하는데, 경험 많은 기술자들

한샘 레인샤워기 주의사항 안내문

은 설명서는 볼 생각도 안 하고 버립니다.

새로운 제품을 설치할 때는 설명서를 읽고, 어떤 순서로, 어떤 공구로 작업해야 하는지, 상황을 머릿속에 그려 봐야 합니다. 그런

후 작업을 시작해야 시행착오를 줄일 수 있습니다. 제발 설명서 버리지 마세요. 특히 해외생산 제품은 동봉된 설명서를 꼭 보세요. 제품구조가 국내생산제품과 다릅니다.

여섯, 제품 또는 부재료의 간단한 문제는 해결할 수 있어야 한다.

제품이나 부재료에 간혹 불량이 있을 수 있습니다. 여분의 재고가 있다면 교체하면 간단히 해결됩니다. 재고가 없다면? 매장에 가서 교환해 와야 하는데, 시간 걸리고 번거로운 일이죠. 간단한 문제라면 기술자가 조치할 수 있어야 합니다. 제품이나 부재료가 어떤 기능을 하는지 알고, 기술자가 방법을 생각하면 가능합니다. 기술자는 부재료를 가공할 수 있는 공구와 연장이 있기 때문이죠. 단, 기능상 문제없어야 하고, 오래 사용해도 문제가 발생하지 않으며 다른 사람이 보더라도 정상제품으로 보여야 합니다.

수건걸이 브래킷에 오른쪽 사진처럼 문제가 있습니다. 이음매에 튀어나온 부분이 있어, 벽에 밀착되지 않아 수건걸이를 고정해도 흔들립니다. 번거롭더라도 그라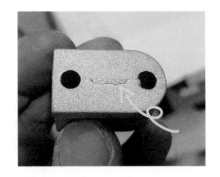

인더로 깔끔하게 다듬어주면 됩니다. 간단한 문제죠. 욕실 액세서리 제품이 브래킷과 사이즈가 조금씩 안 맞는 경우가 있어요. 브래킷이 크면 그라인더로 다듬어 주고, 작으면 전기테이프를 이용하면 됩니다. 사진이 없어 아쉽네요.

그라인더로 다듬어서 표면을 매끈하게

기술자가 작업하다가 실수를 할 수도 있습니다. 기술자도 타공하다가 조금 크게 뚫거나, 위치가 2mm 정도 오차가 날 수 있습니다. 하지만 기술자라면 조치할 수 있어야 합니다. 이때 무리하게 조이면 타일이나 제품에 문제가 생깁니다. 그렇다고 위치를 바꾸면 타공 구멍이 보이게 되죠.

칼브럭(Carl Plug)을 반 잘라서 오른쪽 사진처럼 한 개 반

을 넣고 나사로 조이면 단단하게 고정됩니다. 간단한 문제는 해결 방법을 고민하여 기술자가 가진 공구와 재료로 깔끔하게 해결할 수 있어야 합니다.

일곱, 작업 관련하여 더 좋은 방법을 연구하고 찾아내야 합니다.

'난 이제 완벽해! 더 이상 공부할 것은 없어.'라고 생각하면 기술 능력은 정체되고 다른 전문가들과 비교해 전문성이 떨어질 수 있습니다.

"어떻게 하면 더 좋은 재료로 안전하게 퀄리티가 있으면서 힘이 덜 들고 빠르게 일을 진행할 수 있을까?"

작업하면서 자기 자신에게 질문을 해보는 것입니다. 사소한 것도 작업 순서와 방법을 더 좋은 방법으로 바꿔보는 것입니다. 시행착오를 겪게 되겠지만 내가 발전하고 있다는 것을 느끼게 됩니다. 다른 동종업계의 기술자보다 더 멋진 기술자라고 자부심을 가질 수 있고, 저처럼 개인 블로그에서 다른 분들께 방법을 알려줄 수도 있습니다.

샤워기 수평을 맞추는 방법도 제가 작업하다가 '더 좋은 방법을 없을까?' 하고 고민하면서 알게 된 방법입니다.

방법은 [욕실시공 깨알팁-3]에서 설명했습니다.

"타인에게 배울 점을 찾지 못한다면,

발전할 수 없는 것은 자기 자신이다."

매너가 기술자를 만든다

　현장에 도착하면 집주인이나 인테리어 업체 담당자나 또 다른 기술자를 만났을 때 가장 먼저 하는 것이 무엇일까요? 그것은 인사입니다. 인사는 함께 살면서 가장 기본적인 것이고, 중요한 일입니다. 나의 첫인사가 상대방에게 나의 첫 이미지를 결정합니다. 인사의 최소한은 내가 여기에 왔음을 알리는 것이죠. 밝게 웃으며 자신감 있게 인사한다면 상대방에게 좋은 이미지를 줄 수 있고, 즐거운 마음으로 일을 시작할 수 있습니다.

　"인사는 관계의 시작입니다."

　인사를 먼저 한다는 것은 '상대방에게 숙이고 들어간다.'라고

2021년 안양 신성미소지움 아파트 욕실 세팅

생각하는 사람들도 많습니다. 그렇게 생각하는 사람들은 '자신은 인사를 받아 주는 사람이지, 먼저 인사를 해야 하는 아랫사람이 아니야!'라고 생각하죠. '필요한 사람이 먼저 나에게 인사를 한다.'는 것이 무의식 속에 있습니다. 잘못된 자존심과 우월의식이죠.

하나, 현장에 도착하면 경비 선생님과 미화 여사님께 인사를 하자!

저는 아파트 현장에서 경비 선생님이나 미화 여사님이 보이면 인사를 합니다. 경비 선생님께 웃으며 인사하면, 무거운 제품과 연장을 편하게 나를 수 있는 주차 자리도 안내해 주고 공동현관문도 열어줍니다. 이렇게 도움을 받은 경우가 한두 번이 아니었어요. 갑

자기 배가 아파 큰일을 봐야 하는 난감한 상황이 발생한 경우도 있었는데 아파트 경비 선생님께 큰 도움을 받기도 했습니다(제가 욕실 세팅하러 가는 곳은 변기가 설치되어 있지 않습니다. 변기는 내가 설치해야 하는 것이라). 경비 선생님의 배려를 받으면 저의 스트레스와 피로도는 많이 줄어듭니다.

미화 여사님께도 엘리베이터나 공동현관 앞에서 마주쳐 인사를 하면, 재활용 쓰레기 버리는 곳도 알려주시고(제품 설치한 후 버려야 하는 종이박스가 많이 나옵니다) 힘든 일 한다고 격려도 받습니다. 아파트 현장

에서 자주 일어나는 일입니다.

인사를 하지 않았다면 도움을 받기 어렵겠죠. 경비 선생님이나 미화 여사님이 굳이 저에게 먼저 인사를 하거나 말을 걸진 않았을 테니까요.

저는 경비 선생님 또는 미화 여사님을 엘리베이터 안에서 마주치면 말을 건넵니다. 초면에 너무 치근대면 실례지만, 적당한 한두 마디는 서로에게 도움이 되지 않을까 합니다. 상대방의 어려움, 관심사에 대해 말하면 더 좋겠죠?

"비 와서 일하기 힘드시겠어요!" 또는 "땡볕에 고생하시네요!" 이 정도면 충분합니다.

아파트나, 건물 주차장에 도착하면 저도 모르게 경비 선생님이나 미화 여사님, 주차관리하는 분께 인사를 하게 됩니다. 습관이 되어 버렸어요. 경비 선생님이나 미화 여사님은 대부분 제 부모님 정도의 나이여서 그런지 정도 많고, 친절합니다. "일 끝나면 경비실에 들러 커피 한 잔 마시고 가."라고 하는 경비 선생님도 있었습니다.

기술자 중에 인사를 잘하는 분들이 생각보다 많지 않습니다. 지금도 제가 경비 선생님이나 미화 여사님께 밝고 깍듯하게 인사하면, 제가 나이도 어리고(?) 기술 입문자처럼 보이는지 저에게 잘해 주려고 하십니다. 저는 느낄 수 있어요!

둘, 현장의 다른 기술자와 인사하자!

현장에 가면 나 혼자가 아닌 다른 분야의 기술자와 같이 일할 때도 많습니다. 전기, 도배, 인테리어필름, 주방싱크, 페인트, 돔천장 기술자들과 같은 공간에서 일하지만, 서로 인사가 없는 것은 물론 말 한마디 걸어주지 않는 분들도 있습니다.

"넌 네 할 일 해라. 난 내 할 일만 할 테니!"

자기에게 주어진 일만 빨리 끝내고 가려고 하는 것도 있고, 굳이 일하고 있는데 다른 사람한테 인사하고 말을 건넬 필요도 없다고 생각할 수 있습니다. 하지만 사람 일은 모르는 것입니다.

다른 기술자와 일하면서 도움을 받아야 할 일이 생길 수도 있고, 공구를 빌려야 할 상황도 생길 수 있는 것이죠. 처음 봤을 때 인사를 했거나, 대화를 조금이라도 했더라면 부탁하기 훨씬 수월합니다. 예전에 도배하는 팀을 만났는데, 인사를 밝게 하니 나중엔 그분들이 믹스커피도 타주고, 컵라면도 끓여주면서 농담도 할 수 있는 사이가 되었습니다.

제가 욕실 세팅 작업을 하다 보면, 돔천장 기술자와 일을 해야하는 공간이 겹칠 때도 있습니다. 욕실은 공간이 좁아 한 사람이 비켜 줘야 하는 상황이 생기죠. 제가 욕실 2칸 세팅하는 데 하루 온종

일 걸리지만 돔천장 기술자는 한두 시간 작업하고 다른 현장으로 이동합니다. 제가 비켜드리고 배려해야죠. 같은 공간에 있으면서 대화도 하고 음료도 나눠마시면서 친해진 돔천장 기술자가 있습니다. 나이도 비슷하고, 공통관심사가 있어서 친해졌어요. 서로 명함 교환하고 필요할 때 일을 소개하기도 합니다.

이렇게 다른 분야의 기술자와 친분관계를 유지하면 좋은 일이 생깁니다. 서로 일을 소개해 줄 수 있고, 궁금한 부분을 해결해 줄 수도 있습니다. 분야가 다르더라도 기술자들끼리는 도움을 주고받을 수 있죠. 같은 분야의 기술자라면 협업을 할 수도 있습니다. 저도 일하면서 마주치는 분들이 있으면 연락처를 교환합니다. 하지만 모두에게 그런 것은 아니고, 제가 느꼈을 때 그 기술자가 성격 좋고 일도 잘하는 분들의 연락처만 받는답니다. 나중에 도움이 됩니다.

셋, 집주인과 인테리어업체 사장님께도 밝은 인사를!

작업을 요청하는 집주인과 인테리어업체 사장님께 인사를 잘해야 합니다. 저에게 일을 주신 고마운 분들이잖아요. 인사를 하는 태도 또한 중요하죠. 표정은 별로 신경 안 쓰고 형식적으로만 "안녕하세요!"라고 하는 분들도 많은데, 기왕 하려면 밝은 표정으로 인사를 하는 게 좋죠. 억지 인사는 인사를 받는 상대방도 느껴집니다. 자신은 친절한 사람이지만, 표현을 못하면 친절하지 않은 사람이 됩니다.

인사를 잘하려면 무엇이 필요할까요? 마음의 여유와 편안함, 그리고 즐거움이 필요합니다. 욕심을 절제하면 나오게 되는 것들입니다.

이너바스 이실장 명언-22

"다른 사람 눈으로 먼저 보고,

내 눈으로 다시 보아라.

그러면 알게 될 것이다."

자동차 운전은 안전하고 센스있게

기술자는 대부분 자신의 작업차량을 가지고 있습니다. 연장과 공구, 제품, 부자재를 싣고 다니려면 차가 있어야 합니다. 차가 없으면, 기술자가 일하러 다니는 것은 불가능합니다. 자신의 몸을 관리하는 것처럼 자신의 차도 잘 관리해야죠. 사고가 나지 않도록, 내 차가 다치지 않도록 안전 운전하며 조심해야 합니다. 차는 편리한 도구이지만, 자신과 타인의 생명을 위협하는 강력한 도구임에 틀림없습니다. 운전하면서 사고가 나면, 여러 가지 문제가 발생합니다.

심각한 교통사고는 감당하기 힘든 일입니다. 교통사고로 크게 다치면 기술자로서 더 이상 일을 할 수 없을 뿐더러 일상생활을 유지할 수도 없습니다. 그렇게 되면 나의 가족은 어떻게 될까요?

저는 여유를 가지고 안전하게 운전하려고 노력합니다. 내비게이션 티맵으로 목적지를 설정하고 운전하는데, 저의 티맵 안전운전

2023년 부천 사랑마을 청구아파트 욕실 세팅

점수가 상위 2%네요. 제가 안전
하게 운전하는 또 다른 이유는 경
제성입니다. 급출발, 급가속, 과속
하면 연비가 많이 떨어지거든요.
물론 안전이 제일 중요합니다. 운
전할 때에는 차를 안전하게, 그리
고 센스 있게, 그리고 매너 있게
운전하도록 노력해야 합니다.

이너바스 이실장의 Tmap 안전운전 점수

하나, 안전벨트는 당연히 해야 한다.

차의 운전석에 타자마자 반드시 먼저 해야 할 일은 안전벨트입
니다. 안전벨트는 생명줄입니다. 이것에 대한 중요성은 알고 있을
것이라 생각하며 따로 설명은 안 하겠습니다.

둘, 일찍 출발해야 한다.

출발 시 도로 여건에 따라 예상보다 도착시간이 늦어질 수 있습
니다. 출발 전에 몇 시에 도착할 수 있을지 내비게이션 앱으로 검색
해 봅니다. 예측한 시간보다 10분에서 15분 일찍 출발해야 즐거운
마음으로 여유 있게 운전할 수 있습니다. 출퇴근 시간, 주말 등 교통
정체 시간에는 고려하여 조금 더 일찍 출발하는 것이 좋습니다. 도
착하여 주차할 때도 변수가 발생할 수가 있습니다. 아파트 주차장

이 복잡하여 동호수를 어렵게 찾아야 하거나, 주차할 곳이 없어 주차할 자리를 찾아야 한다면 시간이 더 걸립니다.

약속보다 도착시간이 늦어질 경우 마음이 조급해집니다. 나도 모르게 과속, 급출발, 잦은 차선 변경하면서 운전하게 됩니다. 교통사고라도 나면, 일이 문제가 아니죠. 마음의 여유를 가질 수 있도록 일찍 출발하세요.

셋, 규정속도로 운전해야 한다.

도로 교통법의 규정된 속도로 안전하게 운전해야 합니다. 과속은 좋지 않아요. 과속을 하면 차도 힘들어하고 사고 가능성도 올라갑니다. 주변 차들과 앞 차의 교통상황에 따라 브레이크를 자주 밟아야 해서 연비도 많이 떨어집니다. 경제속도로 운전해야 안전하고, 기름값도 적게 들고, 주유소에 들르는 번거로움도 줄일 수 있게 됩니다.

횡단보도를 통과하거나, 어린이보호구역에서는 어떤 돌발상황이 발생할지 모릅니다. 어린아이들이 차도로 뛰어들 수도 있으니 전방주시 잘하고 천천히 운행해야 합니다.

넷, 교통신호는 반드시 준수해야 한다.

마음이 급해서, 횡단보도에 사람이 없다고 습관적으로 보행신호에 통과하는 분들이 있습니다. 당신이 보지 못한 보행자가 있을 수도 있고, 교통신호를 지키지 않는 오토바이나 차량이 있을 수 있습니다. 교통신호를 준수하지 않으면 큰 사고가 날 수 있습니다. 신호위반 차량을 사진 찍어 신고하는 사람들도 있어요.

다섯, 좁은 골목길은 천천히 가야 합니다.

시야가 확보되지 않은 좁은 골목길은 언제 어디서 뭐가 튀어나올지 모릅니다. 높은 차들로 인해 시야확보가 안 되는 좁은 길에서는 더욱더 천천히 가야 합니다. 아이들이 차도로 뛰어들 수도 있고, 애완동물이 튀어나올 수도 있습니다. 전방주시 잘하고 천천히 운행해야 합니다. 돌발상황 발생 시 바로 급정거할 수 있어야 해요.

여섯, 후진할 때는 아주 천천히.

자신의 실력을 믿고 후진할 때 급하게 후진하는 분들 있는데, 사고가 날 수 있습니다. 전방보다는 후방은 더욱 시야확보가 안 됩니다. 후진할 때는 후방카메라와 사이드미러 둘 다 잘 보면서 천천히 후진해야 합니다. 비상등도 켜야 합니다. 후방은 시야확보가 100%

안 되기 때문에 항상 조심조심!

일곱, 빗길에서는 천천히

비 오는 날 운전을 하면 규정속도보다 천천히 가야 합니다. 제동거리가 길어져 다중추돌사고가 날 수도 있어요. 안갯길에서도 비상등 켜고 속도를 줄여야 합니다. 특히 비 오는 밤에는 차선도 잘 안 보입니다. 정신 바짝 차리고 앞 잘 보고 운전해야 합니다.

여덟, 주차는 가능하면 주차장에 해야 한다.

아파트에는 대부분 주차장이 있지만, 일반 주택이나 건물은 간혹 주차할 곳이 없는 경우도 있습니다. 차량통행에 방해되지 않도록 길가에 주차를 할 수밖에 없습니다. 전화번호는 잘 보이는 곳에 놓고, 공사차량이라고 써두면 주변분들이 양해해 주지 않을까요(양해해 주지 않는 경우도 많아요)?

불편하겠지만 주변에 유료주차장이 있다면 이용하는 것이 좋습니다. 기술자는 주차요금 때문에 유료주차장을 기피하는 것은 아닙니다. 현장 특성상 가끔씩 필요한 소모품과 공구를 차에서 꺼내가야 하기 때문입니다. 차가 현장 근처에 없다면 마음이 불편해집니다. 불법주차를 하면 작업할 때 마음이 편하지 않고, 빨리 끝내야 하는 압박감과 함께 마음이 조급해져서 서두르게 됩니다. 그러면 작업하다가 실수를 할 수도 있고, 마감이 깔끔하지 않을 수도 있겠죠.

아홉, 잠시 정차했을 경우엔 비상등을 켜야 한다.

잠깐 정차할 경우에는 비상등을 미리 켜야 합니다. 그것이 매너 운전입니다. 비상등을 켜지 않고 정차하는 차들도 있는데, 뒤차는 스트레스 받습니다. 정차할 경우에는 비상등을 켜고, 뒤차가 앞질러 갈 수 있도록 배려해야 합니다.

열, 좌우회전할 경우에는 반드시 방향지시등을 켠다.

차를 좌우회전 할 때는 방향지시등을 켜야 하지만 귀찮아서 안 켜는 분들도 있습니다. 다른 차가 없다고 방향지시등을 생략하는 경우도 있어요. 차가 좌회전할지 우회전할지 알아야 보행자도 잘 피해서 갈 수 있습니다. 좌회전이나 우회전할 경우 5초 전에는 방향지시등을 켜세요.

차선 변경할 때에도 방향지시등 켜지 않고 끼어들기하면 뒤차가 당황할 수 있고, 화물차나 대형 트럭, 버스 바로 앞에 갑자기 끼어들면 큰 사고가 날 수 있어요. 큰 차들은 급정거나 급커브가 어렵습니다. 대형차량에게는 되도록 양보해 주고, 끼어들기할 경우에는 충분한 거리를 두고 끼어들어야 합니다.

열하나, 양보 운전합시다.

운전하면서 이기고 지는 것은 없습니다. 옆차보다 빨리 간다고 이기는 것 아니에요. 운전으로 경쟁하는 분들 있습니다. 마음의 여유를 가지고 양보운전하는 것이 좋습니다.

사이렌 울리는 구급차, 소방차, 경찰차의 앞길을 막으면 안 돼요. 긴급차량이 보이면 비켜주고 길을 터 줘야 합니다. 긴급차량이 긴급한 일이 아닌데 사이렌 울리며 간다고 생각하는 분들도 있습니다. 상식적인 사람이라면 그런 일은 안 하겠죠?

안전운전, 매너운전, 배려운전, 양보운전 하세요. 배려나 양보를 받았다면, 손을 들어주거나 비상등으로 매너 표시하면 서로 기분 좋아집니다.

열둘, 끼어들기하지 마세요.

다른 차들은 오래 줄지어 기다렸다가 나들목에서 빠지는데, 비양심적으로 나들목 거의 앞에 가서 끼어들기하는 차도 많습니다. 자기만 생각하는 이기적인 운전자입니다. 줄 서서 차례를 기다려온 뒷차들은 화가 나죠.

열셋, 적재물은 단단히 고정해야 한다.

트럭 같은 경우 적재물을 단단히 고정하여 차량 내부에서 적재물들이 움직이거나 떨어지지 않게 해야 합니다. 트럭이 아닌 일반 승용차도 뒤 트렁크에 연장이나, 제품이 흔들려 움직이는 소리가 들리면 운전할 때 많이 거슬립니다. 반드시 잘 고정해야 해요. 제품이 부딪혀 파손될 수도 있습니다.

열넷, 정기적으로 차량정비 받으세요.

차고지 주변으로 괜찮은 카센터를 정해 놓아야 합니다. 카센터에서 엔진오일을 1년에 한두 번 교체할 텐데, 엔진오일 교체하면서 다른 부분도 정비받으세요. 문제 있는 곳은 없는지 확인하고, 타이어 공기압도 체크합니다. 집 근처에 있는 마음씨 좋은 사장님이 운영하는 카센터를 정하고, 그 카센터 사장님께 박카스 한 박스 드리면서 부탁하면 잘 봐주실 거예요. 정비가 안 된 차를 운행하다 사고가 날 수 있고, 초기에 점검 안 하고 정비하지 않았다가 나중에 더 많은 수리비용이 나올 수도 있습니다.

열 다섯, 졸음 운전 절대금지!

운전이 곤란할 정도로 졸음이 오면 잠시 쉬었다 가야 합니다. 졸음운전은 음주운전보다 훨씬 위험합니다. 졸음운전 사고는 큰 사고로 이어질 수 있고, 자신뿐만 아니라 다른 사람의 생명을 위협합니다. 고속도로에서는 졸음쉼터가 많이 생겨, 그런 곳에서 잠시 쉬었다 가는 것이 자신과 타인의 생명연장에 도움이 됩니다.

한 시간에 한 번 정도는 창문을 열어 환기해야 합니다. 그렇지 않으면 차 내에 이산화탄소 농도가 높아져 졸음이 밀려올 수 있습니다. 더 졸리면 가까운 사람들에게 전화하면서 운전하세요. 당연히 핸즈프리로 해야 합니다.

열여섯, 음주 운전 절대금지!

음주 운전하는 사람들 아직도 많습니다. 음주운전에 대한 자신 감은 내려놔야 합니다. 음주운전 한두 번은 사고가 안 날 수도 있지 만, 계속 음주 운전하면 언젠가는 사고가 납니다. 자신의 생명뿐만 아니라 다른 사람의 생명도 위협하는 것입니다.

음주운전으로 적발되어 면허 정지 또는 취소가 될 수 있습니다. 생업에도 영향을 끼치게 되죠. 운전면허가 취소되면 기술자의 일은 접어야 합니다. 차 없이 공사를 할 수 없으니까요. 음주운전도 습관 이기 때문에 음주 운전하지 않는 습관을 반드시 만들어야 해요.

열일곱, 운전 시 흡연하겠다면 전자담배 추천!

운전하면서 담배 피우는 분들 많습니다. 운전 중 차에서 담배를 피우다가 불똥 때문에 사고로 이어질 수도 있습니다. 차에서 흡연을 해야 한다면 전자담배를 추천합니다. 차에 담배냄새도 안 나고, 담뱃재가 날리지도 않고, 담배 불똥이 차에 떨어지는 것도 막을 수 있습니다.

열여덟, 운전할 때 신나는 음악을 들어야!

운전할 때 운전만 하면 지루합니다. 신나는 음악을 듣거나, 좋은 유튜브를 들으면서 운전을 즐기세요. 마음도 차분해지고, 좋은 생각도 날 수 있습니다. 단 조작은 차가 멈춰있을 때에만 하세요.

이너바스 이실장 명언-23

"큰 문제는 눈에 띄지 않는 곳에서 발생한다."

기술자에게 징크스란

기술자가 작업을 하다 보면 징크스가 생길 수 있습니다. 기술자
뿐만 아니라 마음이 약한 사람들은 자신이 원했던 데로 일이 잘 풀
리지 않을 경우 징크스를 만들어 회피하려는 마음을 가지고 있습니

2023년 양천구 목동 현대하이페리온 1차 세면대 수전 교체

다. 징크스(*jinx*)라는 말의 사전적 정의는 '어떤 사물이나 현상 또는 사람과 연관 지어 불길한 예감을 먼저 가지는 심리현상'이라고 합니다. 징크스는 운동선수부터 일반적인 모든 사람 누구나 가질 수 있는 심리현상인 것이죠.

예를 들자면,

– 빨간색이 들어간 옷을 입은 날은 피를 본다.

– 차에 새똥이 떨어지면 접촉사고가 난다.

– 신발을 왼쪽부터 신으면 불길한 일이 생긴다.

이 외에도 징크스는 수없이 만들 수 있습니다.

기술자가 현장에 작업하러 갔는데, 손을 베어 피가 났습니다. 마침 그날 빨간색이 들어간 옷을 입고 있었다면? '빨간색이 들어간 옷을 입으면 피를 보거나 안 좋은 일이 생긴다'라는 징크스를 가질 수 있습니다. 피는 빨간색이고 빨간색 옷을 입었으니까 관련이 있다고 생각할 수도 있습니다. '빨간색은 피를 부른다!' 다음부터는  작업하러 갈 때 빨간색 옷은 피해야 한다고 생각합니다. 빨간색 옷과 나쁜 일이 생기는 것은 전혀 관계가 없습니다. 빨간색 옷 때문에 갑자기 흥분돼서 망치로 내 손을 때렸다? 믿어지나요? 자신의 부주의로 인한 것입니다. 자신의 실수를 다른 이유 때문인 것으로 생각하려는 회피본능인 것이죠. 자존심이 너무 강하거나 마음이 약한 사람들에게 나타나는 현상입니다.

또 하나 예를 들면, 날아가던 새가 똥을 싸서 차의 보닛 위에 새똥이 떨어졌습니다. 지상에 주차하면 빈번하게 발생하는 일입니다. 그날 새똥을 닦고 차를 운전을 하는데, 접촉사고가 났습니다. 차에 새똥이 떨어진 것이 원인이라고 생각하게 됩니다. "에이 새똥을 맞았더니, 교통사고가 나버렸네, XX!" 그런데 접촉사고 난 것이 왜 새똥을 맞아서라고 생각하게 될까요? 새는 전깃줄에 앉았다가 갑자기 똥이 마려워 똥을 싼 것일 뿐입니다. 자연스러운 생리현상입니다. 차를 운전하여 접촉사고가 난 것은 자신과 상대방 운전자의 잘못된 운전습관과 부주의 때문입니다. 차에 새똥이 떨어진 것과 접촉사고는 아무런 관련이 없습니다. 다만 새가 잘 앉는 전깃줄이나 나무 밑에 주차를 한다면 새똥 맞을 가능성이 커지죠. 자신이 실수한 것을 왜 새가 싼 똥 때문이라고 생각할까요? 당신의 잘못이 거부된 이기적인 생각입니다. 징크스는 남 탓,

조상 탓, 주변 환경을 탓하는 사람들이 더 심합니다.

징크스를 만들려면 끝없이 만들 수 있습니다. 징크스를 만들면 자신의 행동에 많은 제약이 생깁니다. 빨간색이 들어간 옷은 입으면 안 되니까요. 징크스 때문에 살아가는데에도 제약을 많이 받습니다. 아니 구속을 받죠. 옷을 골라 입고, 신발을 골라 신습니다. 안 그래도 신경 쓸 일이 많은데, 그런 것까지 신경을 써야 할까요?

차라리 좋은 징조라고 생각하는 것은 어떨까요? 파란색 신발을 신은 날은 운이 좋다는 징크스가 있다면? 그것도 좋지 않습니다. 매번 파란색 신발을 찾아 신어야 하니까요. 파란색 신발을 신지 않은 날에는 운이 안 좋을 것이라 생각할 것이고 마음 한 곳이 불안해질 것입니다. 징크스를 만들어 자신을 구속할 필요 없잖아요. 안 좋은 일이 생겼을 때, 징크스 때문이라고 생각하지 않아야 합니다. 당신의 실력과 부주의함이 그만큼인 것이고, 현장상황이 어쩔 수 없었던 것이라고 생각해야 합니다.

안 좋은 일은 두 가지 종류가 있습니다. 하나는 당신이 잘못해서 생긴 일이고, 나머지 하나는 당신의 행동과는 무관하게 생깁니다. 전자일 경우에는 당신이 잘못했기 때문에, 인정하고 사과하고 그런 잘못을 하지 않도록 노력해야 하죠. 후자일 경우에는 일어날 수밖에 없는 일이 일어난 것이기 때문에 받아들이고, 어떻게 하면 조치할 수 있을지 고민해 봐야 합니다. 이렇게 생각하면 당신의 마음이 한결 편해집니다.

　생각하지 못했던 좋은 일이 생겼다면, 내가 과거에 좋은 일을 했던 보답으로 주변에서 나를 도와준 것입니다. 반대로 안 좋은 일이 생겼다면 내가 과거에 잘못했던 일에 대한 응징으로, 내 주변에서 나에게 불행한 영향을 끼친 것입니다. 그래서 다른 사람들에게 아픔 주는 일을 하면 안 되겠죠? 내가 타인에게 도움을 주거나 좋은 일을 한다면 내 마음이 좋아지고, 도와준 사람에게 도움을 받을 수도 있습니다.

　이것도 징크스일까요? 내가 좋은 일을 하면 좋은 일이 생기고, 나쁜 일을 하면 나쁜 일이 생긴다는 것이 꼭 징크스 같지만 조금은 다르네요. 쉽지 않은 세상입니다. 징크스라는 것에 얽매여서 살지는 말자고요!

이너바스 이실장 명언-24

"욕심과 집착은 마음을 병들게 한다."

기술자로서의 소명의식

기술자라고 하면, 전문적인 기술을 가지고 자신에게 요청한 의뢰인에게 기술서비스를 제공하는 직업입니다. 단순하게 기술을 가지고 돈만 버는 직업이 아닙니다. 일종의 서비스직으로, 사명감을

2023년 길음동 태양빌라 양변기, 세면대 교체

가지고 해야 하는 일입니다. 전문적인 일의 특성상 어떤 것들은 한 번 잘못 작업하면 재작업이 어렵기 때문에 부담을 가지고 해야 합니다. 기술자가 전문기술을 시공할 때는 안전하고, 정상적으로 작동하며, 조화롭고 멋스러우며, 나중에 다른 제품으로 교체하더라도 문제없이 깔끔하게 작업될 수 있도록 해야 합니다.

저의 경험을 말씀드리면,

하나, 다음을 생각하는 기술자가 되자.

기존 세면대를 철거하고 보니 그전 기술자가 세면대의 벽에 닿는 부분에 실리콘을 많이 쏴버렸나 봅니다. 앙카볼트를 풀어도 세면대가 떼어지지 않아 부득이 세면대를 깨서 떼어낼 수밖에 없었습니다. 이때 세면대를 깨지 않고 힘으로 들어내면, 세면대가 붙은 벽타일까지 떨어져 나오면서 난감해지는 상황이 발생합니다. 타일이 깨져 타일을 교체시공한다고 해도 같은 타일을 구하기 어렵죠. 그런 문제가 생기지 않도록 세면대를 망치로 깨내면서 벽타일에 손상 가지 않도록 조심해서 떼어냅니다. 살살 조심스럽게 작업했는 데도 다음 사진처럼 구멍이 나버렸네요. 실리콘은 꼭 쏴야 할 곳에만 쏴야지 저렇게 세면대 뒤에 실리콘을 많이 쏴버리면 안 됩니다. 처음 세면대를 설치할 때는 괜찮을지 모르겠지만 다음 기술자가 세면대를 교체할 때는 문제가 생기죠. 당장 내가 할 작업만 생각하지 말고,

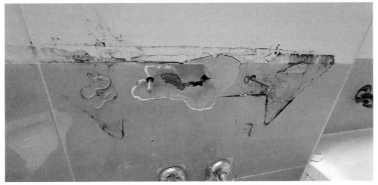

2023년 자곡동 래미안포레아파트 세면대 교체를 위한 철거 작업

훗날 다시 제품을 교체설치 하더라도 문제가 생기지 않게 작업해야
합니다.

둘, 눈에 보이지 않는 곳까지 확실하게 처리하자.

위 사진처럼 타일에 구멍이 뚫렸지만 새로 세면대를 설치하면
모두 가려집니다. 아무런 조치 없이 새 세면대를 설치해도 세면대

뒤편에 타일이 뚫렸는지 집주인은 모릅니다. 집주인이 세면대에 물을 틀어 사용하면 물이 세면대 뒤편으로도 넘어갈 수도 있는데, 타일 벽 뒤로 물이 흘러 들어가면 문제가 발생합니다. 타일 뒷벽으로 들어간 물들이 고여 썩으면 욕실 냄새의 원인이 되고 건강에도 좋지 않습니다.

기술자는 수고스럽겠지만, 백시멘트로 구멍을 깔끔하게 막아줘야 합니다. 백시멘트를 가져와 반죽하고, 메우고, 닦아야 하니 손이

백시멘트 보완 작업과 설치 마무리

더 가고 번거롭겠죠. 올바른 기술자는 안 보이는 부분까지도 확실하게 마감해야 한다는 마음을 가져야 합니다. 내 몸 편하려고(누구도 보지 않고 있으니까) 대강 마무리하겠다는 생각을 가지고 일을 하면 올바른 기술자라고 할 수 없습니다. 안 보이는 곳이라고 덮어 버리면 언젠가 누군가는 알게 됩니다. 보이지 않는 곳도 깔끔하고 문제없게 마무리해야 기술자 자신의 마음도 가벼워지고 기술자라는 긍지를 가질 수 있어요.

셋, 기술자로서 책임의식을 가져야 한다.

기술 경험이 많지 않을 때는 자신이 공사한 현장에서 AS 요청이 자주 올 수 있습니다. 집주인은 새로 욕실을 리모델링했거나 제품을 교체했는데 문제가 있다는 것을 발견하면 그것만큼 스트레스받는 게 없죠. 그럴 경우에 현장이 어떤 상황인지, 왜 그런 문제가 생겼는지 알아야 합니다. 조속히 해당 현장을 방문해 문제가 생긴 이유를 알아봐야 합니다. 그 문제가 제품이나 부속품의 문제인지, 현장 특성상 그런 문제가 생길 수 있는 상황인지, 집주인에게 일러준 주의사항을 집주인이 지키지 않았는지, 아니면 자기 자신이 시공하면서 실수한 것인지 알아야 합니다. 그 이유를 정확하게 알아야 집주인에게 설명할 수 있고, 조치하여 문제를 해결할 수 있습니다.

다음 현장에서도 그런 문제가 일어나지 않도록 주의하며 시공할 수 있습니다. AS를 하러 가는 것도 당신에게 많은 기술 경험을 쌓고 자신의 기술 능력을 키울 수 있습니다. 그리고 기술자인 당신이 공사한 현장을 책임져야 하는 것도 당연한 일입니다.

물론 AS 요청은 좋은 일은 아닙니다. AS가 발생하면, 저를 믿고 일을 맡겨준 집주인이나 인테리어업체에 신뢰를 잃을 수 있는 일이니까요. 하지만, AS 요청에 응하지 않거나 일부러 전화를 받지 않거나 하면, 나쁜 기술자가될 뿐입니다. 당신이 집주인이라고 가정해 보고 어떻게 대응할지 입장을 바꿔 생각해 보세요. 클레임을 걸 수 있는 방법은 다양합니다. 클레임 때문만이 아니라도, 당신 자신에게도 떳떳하지 못한 일이 됩니다. 그런 좋지 않은 생각을 가지고 일을 하고 있다면, 기술자의 일을 그만두는 것이 모두를 위한 길입니다.

넷, 집주인이 일을 맡기지 않더라도 상심할 필요 없다.

집주인은 욕실 제품을 교체하고 싶거나, 욕실 리모델링하면 비용이 얼마나 필요할지 궁금해합니다. 비용을 당신에게만 물어볼 수도 있지만, 두세 군데 비용 문의 후 집주인이 믿을 만하다고 생각하는 기술자에게 맡깁니다. 당신에게 문의만 하고 일을 맡기지 않을 수도 있다는 것이죠. 그렇다고 서운해할 필요는 없습니다. 기술자도 집주인과 상담하면서 집주인의 성향을 파악하면서, 왠지 꺼려지는 현장이 있을 수 있습니다. 그때 기술자도 적절한 핑계를 대며 집주인의 요청을 거절할 수 있으니까요.

집주인이 자신에게 일을 맡기지 않은 이유는 몇 가지 있을 수 있습니다. 생각했던 것보다 비용이 높아 집주인이 공사를 포기했을 수도 있고, 저렴하게 해주겠다는 다른 기술자를 알아봤을 수도 있고, 당신이 응대를 잘못했을 수도 있습니다. 당신이 고민해봐야 할 것은 자신이 응대를 잘못했다는 부분입니다. 그런 느낌을 받았다면 고객 응대 방법을 고쳐야 합니다. 고칠 수 있는 방법으로는 관련 책을 읽거나 유튜브에서 찾아보세요. 한 단계 더 나아가 상대가 호감을 가질 수 있도록 말하는 방법도 공부하길 권합니다.

다섯, 즐겁게 일할 수 있는 방법을 찾아보자.
현장에서 일을 더 재미있고, 신나게 할 수 있는 당신만의 방법을 찾아야 합니다. 그렇게 해야 힘도 덜 들고, 스트레스도 줄어듭니다. 저의 경우는 아침에 일을 하러 가면서 '나를 부른 집주인은 어떤 사람일까?' '오늘 현장에 설치할 제품은 어떤 것일까? 지금까지 못본 신제품일까?' 기대를 가지고 갑니다. 아니 의식적으로 그렇게 생각하려고 합니다. 처음부터 저절로 그런 생각이 들지는 않으니까요. 의식적으로 그런 생각을 하면서 일하러 가면, 마음이 한결 가벼워지고 빨리 가서 작업하고 싶다는 생각이 듭니다.

저는 작업하면서 블루투스 헤드셋을 끼고 작업을 합니다. 정확하게 말하면 골전도 헤드셋입니다. 블루투스 이어폰은 귓구멍을 꽉 막기 때문에 현장의 소리를 들을 수 없습니다. 그렇게 되면 다른 사람과 소통도 안되고, 현장에서 위험한 일이 발생할 수도 있으니까요. 골전도 블루투스 헤드셋을 끼고 작업하면 주변 소리도 들을 수 있으면서, 전화 왔을 때 받기도 편하고, 신나는 음악을 즐기며 일할 수 있습니다. 더 즐겁게 일할 수 있죠. 즐겁게 일하면, 일의 퀄리티도 좋아지고 힘든지도 모르게 일할 수 있어요. 즐겁게 일해야 기술자의 일을 질리지 않고 오래 할 수 있습니다.

여섯, 내 자녀가 기술자가 되고 싶다고 한다면?

부모님의 대다수는 아들이 유명 대학을 졸업한 후 편하고 좋은 직장에 취업하기를 바랍니다. 아들이 먼지 많고 거친 현장에서 체력적으로 힘든 일을 하는 것은 바라지 않습니다. 제가 회사에서 15년 동안 동료들과 경쟁하고 회사의 스트레스와 압박을 받으며 일하는 것보다, 기술자의 일을 하는 것이 마음도 편하고 제 성향에도 잘 맞는다는 것을 느꼈습니다. 그리고 저의 기술 수준에 집주인들이 만족하고, 칭찬하는 것을 들으면 이 기술을 배우기 잘했다는 생각이 듭니다. 따라오는 보람은 덤이죠. "더 빨리 세상을 알고, 나 자신을 알고, 20대에 기술을 배웠으면 나는 어떻게 되었을까?" 하는 생각도 듭니다. 지금이라도 기술자라는 일을 찾게 된 것에 감사하고 있습니다.

우리 아들이 제가 하는 기술을 배워 기술자가 되고 싶어 한다면,

저는 적극 추천해 주고 지원해 줄 생각입니다. 제 마음 같아서는 아들이 저보다 더 멋진 기술자가 되었으면 좋겠습니다. 삶을 더 만족하며 살 수 있도록 제가 조언도 많이 해 줄 것 같네요. 하지만 기술자가 되겠다는 결정은 아들 본인의 선택입니다.

　몸을 써가며 일한다고 절대 부끄러운 것이 아닙니다. 기술자가 일에 대해 보람과 만족감을 얻고 그에 상응하는 보상을 받을 수 있다면 뭐가 더 필요할까요? 삶은 더 풍요로워지고, 즐거워질 것입니다. 모든 일은 자기 자신이 어떻게 생각하느냐에 달려 있습니다.

이너바스 이실장 명언-25

"깔끔한 마무리는 모두를 편안하게 한다."

Epilogue

금쪽같은 기술자의 시대

지금 우리는 역사적으로 아주 좋은 시기, 좋은 나라에 태어나 살고 있습니다. 6.25 전쟁 후로 70년 이상 전쟁 없는 평화의 시기에 살고 있죠. 지금까지 우리는 역사적으로 고대 시대부터 현대 시대까지 이렇게 긴 평화의 시기를 가져본 적이 없습니다. 또한 20세기 세계에서 가장 가난한 나라였던 대한민국이 세계사적으로도 보기 드물게 빠른 경제발전으로 21세기에는 선진국 대열에 합류하게 되었습니다. 문화적으로도 세계에서 가장 핫하고 다이나믹한 나라가 우리 대한민국입니다. 그만큼 우리는 살기 좋은 시기에, 아주 재미있는 나라에서, 멋진 사람들과 살고 있습니다. 우리는 남녀노소 누구나 자신의 적성과 기호에 맞는 직업을 자유의지로 선택할 수 있으며, 때에 따라 이직을 하여 다른 일을 해도 되고, 여유가 있다면 두 가지 직업을 가져도 됩니다.

하지만 좋은 면만 있는 것은 아닙니다. 우리 개개인의 삶을 보면 빈부격차와 양극화가 심해지고, 노후를 걱정해야 하고, 서문에서도 말씀드렸지만, 이제 출산율 저하로 인한 생산 가능 인구가 점점 감소하는 시대로 접어들었습니다. 지금까지는 돈 주는 사람(소비자 또는 회사 사장님)이 주도권을 가지고 있지만, 앞으로는 돈 받는 사람(서비스를 제공하는 근로자)이 힘을 갖는 시대가 올 것입니다. 일하는 사람, 특히 기술을 가진 사람이 귀해지는 시대가 될 것입니다. '금쪽같은 기술자'의 시대! 능력 있는 전문 기술자가 된다면 어디에도 구속당하지 않고, 갑질당하지 않는 당당하고 자유로운 삶을 살아갈 수 있습니다.

지금은 평균수명이 80세가 넘습니다. 직장을 다니는 분들은 60세 전에 직장을 나오게 됩니다. 지금은 40세만 넘어도 퇴직 후의 삶을 고민해야 합니다. 직장을 나오면 그동안 열심히 일한 보상으로 퇴직금과 연금보험을 받으며 부족하지 않게 살아갈 수 있을까요? 회사를 나오기 전까지 자신의 노후를 준비할 수 있는 자산을 모을 수 있을까요? 국민연금과 노후연금으로 은퇴 후의 삶을 편하게 즐길 수 있을까요? 애지중지 길러놓은 자식들이 생활비를 지원해 줄까요? 아닙니다. 나이가 들어도 돈은 내가 벌어야 합니다.

세계 10대 강국이라는 대한민국이 노인빈곤율이 43.4%로 OECD 회원국중 1위이며, 노인자살률도 OECD 회원국 중 1위로 최악입니다. 노인 10명 중 4명 이상이 빈곤에 허덕이며, 최저임금 수준의 건물청소나 경비 일자리를 찾기 위해 애쓰고 있습니다. 정부도 노인복지를 개선하기 위해 예산을 편성하고, 정치인들도 노인을 위한 공약을 내놓고 있지만 믿을 수 있을까요? 지금도 노인인구가 빠르게 증가하고 있으며, 노인빈곤율과 자살률도 더욱 심각해지고 있습니다. 우리는 생을 마감할 때까지 일을 할 수밖에 없습니다. 어떤 선택을 해야 할까요? 우리는 노년기 인생도 각자 개인이 살길을 찾아야 합니다.

기술자는 노인이 되어도 일할 수 있습니다. 나이가 들어 체력이 떨어지면 일하고 싶은 날만 선택하여 일을 해도 됩니다. 그렇게 일해도 갑질에 시달리는 경비직이나 택시 운전기사보다 소득이 높습니다. 기술을 배워 기술자가 되면 노후 걱정이 많이 줄어들고 든든한 마음마저 듭니다. 그리고 노인이 되어도 (생계를 유지하기 위해서가 아니라도) 할 일은 있어야 합니다. 앞으로 우리가 맞이해야 할 시대는 기술자가 부족하기 때문에 기술만 있으면 할 일은 충분히 있습니다. 나이가 많이 들어도 그동안 쌓아 놓은 기술로 소일거리를 하면서, 기술을 배우고 싶은 입문자들에게 기술과 노하우를 전수해 줄 수도 있습니다. 생활의 부족함이 없다면 기술로 어려운 사람들에게 봉사할 수도 있습니다.

언젠가는 그만둘 수밖에 없는 직장생활에 암담함을 느끼고, 회사일이 아닌 자기 자신의 일을 찾는 분이라면 기술자의 길을 알아보고 도전하세요.

　마지막으로 제가 이렇게 기술자가 될 수 있었던 것은 제가 능력 있고 잘나서가 아니라 많은 분들의 도움이 있었기에 가능했습니다.

　내가 기술자가 될 수 있게 응원해 주고 힘들어도 잘 참아준 나의 아내 혜영이, 같이 고민하며 《금쪽같은 기술자》로 책 제목을 정해준 우리 아들 재원이, 일하면서 변수가 생겼을 때 문제없이 마무리해 주신 전 설비 사장님인 아버지, 저와 와이프가 출근했을 때 아들을 잘 챙겨주신 어머니, 제가 일을 배우고 있던 시절 명함 가지고 처음 매장 찾아갔을 때 서로 '윈윈'하자며 저를 믿고 일을 맡겨주신 백송세라믹 이재엽 사장님, 제가 수입이 없어 힘들었을 때 같이 산책하며 내 푸념도 많이 들어주고 이 책의 퇴고 작업을 같이 해준 친구 민기, 제가 방황하고 힘들었을 때 밥 사주고 술 사주고 일 시작하는데 많은 조언을 해준 진철이 형, 입문자인 나에게 처음으로 욕실 리모델링 공사를 할 수 있게 자기 집 욕실을 맡겨준 고마운 친구 유승민과 장모님 댁 욕실을 맡겨준 친구 최승민, 기술을 배우면서 일이 없는 날 한옥 공사 현장에서 노가다를 뛸 수 있게 해준 부동산 친구 일성이, 삼청동 카페 인테리어 공사 보조로 일할 수 있게 해준 친구 상혼이, 기술자 사장을 찾아 소개해 준 성진이, 내가 욕실 리모델링을 할 수 있게 많은 것을 가르쳐 준 사장 만수, 깔끔하게 타일 시공을 할 수 있도록 가르쳐 준 타일 전문가 병길이와 영범이에게 감사한 마음 전하고 싶습니다. 또한 저를 믿고 욕실을 맡겨주신 많은 집주인 분들과 인테리어업체 사장님께 감사드립니다. 이 책이 세상

을 볼수 있도록 해 주신 대경북스 대표님께도 감사의 마음을 전합
니다.

제가 기술자가 될 수 있었던 것은 많은 분들의 도움 때문입니다.
기술자가 되려면 먼저 좋은 인간관계를 만드세요.

이너바스 이실장 씀

"깨닫는 사람만이, 세상을 제대로 볼 수 있다."

건설 및 인테리어 현장 용어 정리

※ 노가다 하러 가기 전에 알아두고 가면 좋아요!

가네 : 수직(직각)

가베 : 벽체

가수 : 물더하기(콘크리트작업시)

개꼬미 : 현관 바닥과 마루 사이의 수직면, 계단의 단과 단 사이의 수직으로 된 부분

곰방 : 자재를 정해진 장소로 옮기는 작업. 양중.

공구리 : 콘크리트

구루마 : 손수레, 핸드카

구배 : 물매, 경사

기다시 : 프레임이 보이는 형태

기레빠시 : 쓰고남은 자재, 자투리

기리 : 전동드릴의 교체삭 날(드릴비트)

기스 : 흠집, 상처

나라시 : 고르기, 평탄화 작업

나리마끼 : 마무리 솔

노깡 : 흄관

노끼 : 처마

노바시 : 숙성 혹은 벽지 숨죽이는 것

다데 : 세로

다루끼 : 나무 각재, 각목

대마찌 - 일하러 현장에 나왔지만, 현장사정으로 일하지 못하고 귀가해야 하는 상황

덴조 : 천정

데나우시 : 공사중지

데모도 : 목수,타일공의 전문기사를 돕는 보조공

데쓰리 : 손잡이

도비 : 비계공

라쓰 : 철망

마끼 : 롤

마이다(마에다) : 주방, 빌트인 가구 등의 앞판

마즈끼리 : 칸막이 벽

매쉬테이프 : 조인트테이프, 한랭사, 석고보드 이음매에 붙여주는 테이프

메지 : 타일 등의 줄눈

미다시 : 견출마감

바라시 : 거푸집 같은 틀을 해체하는 작업

빼빠 : 사포, sand paper

사시꼬미 : 콘센트

살수 : 물뿌리기

시다 : 단순작업의 보조공

써쓰 : SUS, 스테인레스

쓰미 : 조적공, 쌓기

아시바 : 비계, 발판

암롤 : 트럭에 싣는 쓰레기 박스

압착시멘트 : 타일 붙일 때 사용하는 시멘트

야스리 : 줄

양중 : 자재를 정해진 장소로 옮기는 작업

오도리바 : 계단마다의 중간 판 바닥

오비끼 : 멍에

오사이 : 누름대(창틀에서 유리를 고정시키거나 제거하기 위해 설치)

오함마 : 큰 해머

와꾸 : 테두리

와리 : 갈라짐, 크랙

요꼬 : 가로

우물천장 : 가운데가 꺼진 형태의 천장

재단자 : 벽지 재단 시 사용하는 자

젠다이 : 난간 높은 턱, 욕실에서 변기와 세면대를 잇는 선반

조방 : 경첩

직영 : 매일 현장으로 출근하여 주로 잡일 등을 하는 작업자

쪼인 : 이음새

클램핑 : 조임쇠, clamp

특공 : 바쁠 때 하루 이틀 정도 임시로 고용하는 작업자

평몰딩 : 평평한 몰딩, 천장과 벽 이음매에 시공

하리 : 보

하바 : 폭 혹은 넓이

하시라 : 기둥

하이그로시 : 고광택 코팅

하이바 : 헬멧, 안전모

함바 : 현장식당

항공마대 : 지게차로 옮길 수 있는 손잡이가 달린 대형 직조물

호로(호루) : 덮개, 씌우개

후끼 : 뿜칠용 스프레이 도장기구

후앙 - 환풍기

ABS도어 : 우레탄 재질의 필름을 열처리로 씌운 문

TBM(Tool Box Meeting) : 작업 전 아침체조 및 스트레칭, 조회